La Alhambra

Triangle·Books

SUMARIO

«Vista de la Alhambra por la calle
de Gomeles» (plancha para *Voyage
pittoresque et historique de l'Espagne*,
1806-1820, Alexandre de Laborde).
Bibliothèque nationale de France.

La Alhambra desde el Albaicín
De izquierda a derecha, los edificios del Generalife, la torre de Comares, el campanario de Santa María de la Alhambra, el palacio de Carlos V y la Alcazaba, con la torre del Homenaje, la torre Quebrada y la torre de la Vela.

La Alhambra

La resplandeciente ciudad palatina de los nazaríes

En el año 630, el profeta Mahoma conquista la Meca y da inicio a una vertiginosa expansión árabe que en pocas décadas llevará el Islam hasta las orillas del Indo –5.000 kilómetros al este, en el actual Pakistán– y hasta la costa atlántica marroquí, 6.000 kilómetros hacia el oeste. En el 711, los musulmanes cruzan el estrecho de Gibraltar y en pocos años conquistan casi toda la península ibérica, a la que llamaron al-Ándalus. Así empezó un dominio que en el sur de la Península duró cerca de ocho siglos y que terminó en 1492, cuando los reyes cristianos de Castilla y Aragón tomaron Granada, capital del último estado musulmán en Europa occidental.

El Reino de Granada, regido por los sultanes de la dinastía de los nazaríes, fue creado en 1238 por Muhammad ibn Nasr, conocido como al-Ahmar (el Rojo) por el color de su barba. En pocos años, al-Ahmar pasó a controlar toda la costa mediterránea de la actual Andalucía, y Granada, que desde su fundación en el 1013 había sido un enclave de segundo orden, inició un período de esplendor que la convirtió en la sucesora de Córdoba y Sevilla como gran capital de al-Ándalus.

Por simple instinto de supervivencia, los sultanes nazaríes, soberanos de una angosta franja de territorio entre dos colosos –Castilla al norte y el imperio benimerín al otro lado del Estrecho– aprendieron a cultivar una hábil diplomacia. No hay que olvidar que la Reconquista fue un larguísimo proceso en el que no siempre la religión fue la causa principal de las hostilidades. A menudo, muchos líderes musulmanes, entre ellos los sultanes de Granada, contaron con la ayuda de ejércitos cristianos en sus luchas fratricidas y no dudaron en pagar tributos e incluso rendir vasallaje a los reyes castellanos para defender sus territorios frente a los ataques de sus enemigos correligionarios.

Esa delicada situación geográfica y política, sin embargo, tuvo notables contrapartidas económicas: Granada vivió un extraordinario esplendor como centro de intercambio comercial entre Europa y el Magreb, y esa prosperidad permitió al estado nazarí rodearse del boato propio de las grandes monarquías. A lo largo de esos dos siglos y medio, los sultanes de Granada fueron ampliando y embelleciendo su residencia real, originalmente una austera alcazaba levantada por los antiguos gobernantes en una colina de la ciudad, hasta convertirla en la más resplandeciente ciudad palatina musulmana en Occidente: la Alhambra.

Las cumbres de Sierra Nevada enmarcan la vista de la Alhambra desde el barrio del Albaicín. La austeridad de los muros esconde unos interiores fastuosos.

Así, a la muerte del gran sultán Muhammad V, a fines del siglo XIV, la fama de la Alhambra ('La Roja' en árabe) trascendía ya ampliamente los límites del reino de Granada. Emplazada en la colina de la Sabika, con las cumbres de Sierra Nevada al fondo, el complejo palaciego de los nazaríes aunaba una panorámica única, casi onírica, y unos interiores deslumbrantes que se convertían en una experiencia sensorial inolvidable para los pocos afortunados que cruzaban sus murallas. El relajante murmullo del agua fluyendo por fuentes y canales; la sucesión de fragancias al paso por sus patios y jardines; los juegos de luces y sombras que ambientaban sus salones y estancias, y las delicadas decoraciones de sus muros y bóvedas cautivaban a los diplomáticos y mercaderes extranjeros. Aquella forma de vivir nada tenía que ver con la austeridad de sus castillos y palacios.

No es de extrañar, en consecuencia, que cuando Granada cayó en manos cristianas, ni los Reyes Católicos ni sus sucesores consideraran ni por un instante la posibilidad de destruir aquellos edificios para ellos tan misteriosos como fascinantes. Solo pensaban en el placer de disfrutarlos. Y así, por fortuna para las generaciones que siguieron, esa maravilla de la arquitectura andalusí ha sobrevivido más de 500 años, enriquecida con las contribuciones del exquisito arte mudéjar –el estilo que prolongó el temperamento artístico musulmán más allá del poder de los sultanes– y del renacentista palacio de Carlos V, cuya serena uniformidad contrasta con la fragmentación espacial tan característica del arte musulmán. ◆

La sala de los Reyes, en el palacio de los Leones, alberga tres alcobas cuyas bóvedas están decoradas con pinturas sobre cuero que muestran figuras humanas –reyes y cortesanos–, una ornamentación muy difícil de encontrar en la arquitectura musulmana.

La Alcazaba

La fortaleza que protegía la ciudad

La Alhambra es la obra maestra de los sultanes nazaríes, que iniciaron su construcción a mediados del siglo XIII. Pero fueron los soberanos de una dinastía 200 años anterior –los ziríes– quienes, en realidad, decidieron el emplazamiento de la esplendorosa ciudad palatina. Ilíberis –así se llamaba Granada en tiempo de los iberos y los romanos– había quedado despoblada al principio de la Edad Media, pero su ubicación, en una zona abrupta y fácil de defender, la convirtió de nuevo en un enclave muy apto para vivir en una época especialmente convulsa.

Torre Quebrada
El acceso a la Alcazaba desde la plaza de los Aljibes se realiza a través de una discreta puerta situada bajo la torre Quebrada. A la derecha, la torre del Homenaje.

La Alcazaba
Vista del conjunto fortificado desde el Generalife. A la izquierda la torre de Comares,
en el centro, las torres Quebrada y del Homenaje, y a la derecha, la torre de la Vela.

Calle antemuro en la cara norte de la Alcazaba. En el centro, la torre del Homenaje, y a la derecha, la torre Quebrada.

Zawi ben Ziri, fundador de la dinastía zirí, se instaló en el año 1013 en Granada, concretamente en la colina del actual Albaicín, entonces llamada Qadima. El cerro de enfrente –la Sabika, en la ribera opuesta del río Darro– era estratégico para la protección de la nueva ciudad y allí, sobre una antigua fortaleza del siglo IX, Zawi mandó construir la Alcazaba o casbah, el recinto fortificado que albergaba a la tropa en las ciudades musulmanas. Muy pronto, la Alcazaba de la Sabika se convirtió, además, en la residencia de uno de los personajes más interesantes del medievo andalusí: el filósofo, poeta y político Samuel ibn Nagrela (993-1056), quien, pese a ser judío, se convirtió en el visir o primer ministro del rey musulmán de Granada gracias a su vasta cultura e inteligencia.

Hoy, mil años después, las murallas de la Alcazaba siguen proyectándose imponentes sobre la ciudad, como la proa de un barco, en el extremo occidental de la Alhambra. Los cimientos de esos muros son los mismos que levantaron los ziríes a principios del siglo XI y constituyen el sector más antiguo del conjunto. Pero la mayor parte de los lienzos y torres de la Alcazaba son ya de época nazarí. Fue al-Ahmar, fundador de la dinastía, quien en 1238 descartó levantar su nuevo palacio en el Albaicín y prefirió hacerlo en la Sabika por su ubicación más estratégica, restaurando unas murallas que por entonces ya llevaban más de dos siglos de servicio.

Razones no le faltaban para esa elección. La Sabika ya es en sí misma una defensa natural muy difícil de conquistar. Y la Alcazaba se sitúa en la parte más elevada de la colina, con un dominio absoluto tanto sobre

Barrio castrense
Gran parte del interior de la
Alcazaba está ocupado por los
cimientos de las casas del barrio
castrense, donde vivía la tropa
que defendía la ciudadela.
Al fondo, la torre de la Vela.

Granada como sobre el resto de la ciudadela. De forma triangular, presenta en algunas zonas hasta tres lienzos superpuestos de murallas y posee varias torres que, hoy, despojadas de su finalidad defensiva y de vigía, se han convertido en miradores excepcionales. Aunque exteriormente aparece integrada en la ciudad palatina, la Alcazaba es, en realidad, un recinto totalmente independiente del resto de la Alhambra. Se accede a ella desde la plaza de los Aljibes y, una vez cruzada su muralla, se abren a la vista los cimientos de lo que en época nazarí fue el barrio castrense, el intrincado laberinto de viviendas donde se alojaba la tropa que defendía al sultán, su familia y su corte, una auténtica ciudad dentro de la ciudad, con todos los servicios necesarios para vivir de manera autónoma. ◆

Nicho en el interior de la
Alcazaba con proyectiles de
piedra.

Puerta de las Armas
Imponentes lienzos de murallas empequeñecen el acceso
directo a la Alcazaba desde el
exterior de la Alhambra.

→
La Alcazaba vista desde la
torre de la Vela.

Torre de la Vela

Construida en el siglo XIII, la torre de la Vela está situada en el extremo oriental del conjunto, orientada hacia la ciudad a la que custodia, y es la mayor torre de defensa de toda la fortaleza. De planta cuadrada y aspecto macizo, consta de cuatro plantas, cuyo espacio interior se va ampliando a medida que la torre crece en altura, a fin de aligerar el peso de sus muros.

Según la tradición, fue donde las tropas de los Reyes Católicos izaron los estandartes de los reinos cristianos el 2 de enero de 1492, día en que se rindió Boabdil, último sultán de Granada. Los nuevos señores de la fortaleza no tardaron en construir en su terraza superior un campanario que pronto se convirtió en protagonista de la vida diaria de los granadinos. Su campana recordaba fechas señaladas como la propia conquista cristiana o las grandes festividades religiosas, y avisaba de los peligros que amenazaban a la ciudad, pero, sobre todo, marcaba los turnos de riego de los agricultores de la Vega, labor que tenía lugar de madrugada, de ahí el nombre de la torre.

El interior
Los vanos con arco de medio punto y la sobriedad decorativa a causa de sus fines militares caracterizan el estado actual del interior de la torre.

El flanco sur de la Alcazaba
La torre de la Vela preside esta vista desde las Torres Bermejas. En la parte inferior de la imagen se distingue el primer tramo de la muralla que une la Alcazaba con dichas torres exteriores a la ciudadela.

Escalera de la torre de la Vela.

Campana de la torre de la Vela
La campana instalada en la torre de la Vela ha sido un referente en la vida de los granadinos desde la conquista cristiana, en 1492. La campana actual data de 1773. Y la espadaña que la alberga, de 1840.

Jardín de los Adarves

Un adarve es el camino situado en lo más alto de una muralla, justo detrás de las almenas. En la Alhambra, la angosta franja de terreno situada entre la muralla de la Alcazaba y el anillo fortificado integral de la ciudad palatina está ocupada por el llamado jardín del Adarve. Las especies vegetales plantadas en tiempos modernos convierten este espacio en un lugar muy agradable para tomar un descanso y disfrutar de una de las mejores vistas de Granada, especialmente desde el mirador del extremo occidental, el punto desde donde parte el tramo de muralla que une la ciudadela con las Torres Bermejas.

El adarve de la Alcazaba
Vista de la zona del adarve, con una fuente de tres caños en primer plano. Sobre la muralla, una placa recuerda los célebres versos del escritor mexicano afincado en Granada Francisco de Asís de Icaza:

Dale limosna, mujer,
Que no hay en la vida nada
Como la pena de ser
Ciego en Granada.

Los Palacios Nazaríes

El tesoro secreto de los sultanes

Desde el exterior, nada nos prepara para lo que nos encontraremos dentro. Los Palacios Nazaríes, el corazón de la Alhambra, ocultan su belleza tras sobrios lienzos de piedra, ladrillo y tapial. Las vistas desde los miradores de Granada dibujan una ciudadela esplendorosa, sin duda uno de los panoramas más evocadores que pueden disfrutarse en el mundo, pero las únicas fachadas decoradas que rompen la austeridad exterior del conjunto son las del único palacio de construcción no musulmana: el de Carlos V. Y desde el aire, la impresión no es menos engañosa: los Palacios Nazaríes no se distinguen como unidad: forman un intrincado rompecabezas de tejados y patios que queda eclipsado por el magnetismo del círculo interior del palacio del emperador.

El austero y geométrico exterior de los Palacios Nazaríes, con el palacio del Partal en primer término y las torres Quebrada y del Homenaje al fondo.

Sin embargo, ya en tierra, cuando cruzamos el patio de Machuca y traspasamos el umbral de la sala del Mexuar, entramos en una sucesión casi mágica de estancias y jardines de dimensiones humanas, cautivadores contrastes de luces y sombras, muros y bóvedas delicadamente ornamentados y perfumes de plantas aromáticas que nos acompañan hasta el éxtasis arquitectónico del patio de los Leones. Todo eso son, en suma, los Palacios Nazaríes: un conjunto de espacios construidos para que sus ilustres residentes –los sultanes de Granada y sus familias– tuvieran una existencia acorde a su dignidad.

Hoy, millones de visitantes experimentan cada año las mismas sensaciones que debieron disfrutar hace siglos los sultanes, pero una buena parte de esos turistas percibe estas estancias como algo ajeno y exótico. Los europeos están acostumbrados a los palacios de magnitudes colosales, con corredores inacabables y salones desmesurados de techos altísimos, repletos de esculturas y mobiliario que, sin embargo, apenas llenan una pequeña parte de los recintos.

Pero esa no era la tradición de los musulmanes que gobernaron Granada del siglo XIII al XV. Influidos por las costumbres nómadas de sus antepasados, los andalusíes valoraban ante todo la comodidad, construían sus estancias alrededor de un patio, preferían los espacios compartimentados y aptos para desempeñar varias funciones, proyectaban los corredores en ángulo para preservar la intimidad de los residentes y jugaban magistralmente con el agua, la vegetación, la luz y los materiales para mantener a raya las temperaturas en los patios y las estancias.

EL MEXUAR

PALACIO DE COMARES

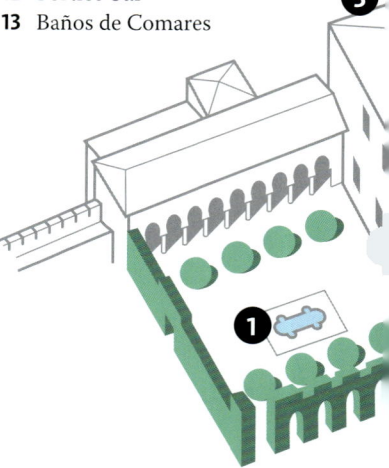

PALACIO DE LOS LEONES

14 Sala de los Mocárabes
15 Patio de los Leones
16 Sala de los Abencerrajes
17 Patio del Harén
18 Sala de los Reyes
19 Sala de Dos Hermanas
20 Sala de los Ajimeces
21 Mirador de Lindaraja
22 Patio de Lindaraja

A lo largo de esos dos siglos y medio, los sucesivos sultanes de Granada construyeron, ampliaron y reformaron las tres residencias reales. Pero es especialmente durante el siglo XIV cuando se construyen las tres que, comunicadas entre sí, forman lo que hoy conocemos como Palacios Nazaríes: Ismaíl I (1279-1325) mandó edificar el palacio del Mexuar, cuya estancia principal acabó sirviendo de sala de audiencias donde deslumbrar a los diplomáticos de otros reinos. En tiempos de Yusuf I (1318-1354) se levantó el palacio de Comares, con el maravilloso patio de los Arrayanes como núcleo central. Y bajo el reinado de su hijo Muhammad V (1338-1391), época de máximo esplendor del reino nazarí, se construyó el palacio de los Leones, una de las cumbres del arte musulmán universal. La belleza de estos palacios era tal que, tras la conquista cristiana, tanto los Reyes Católicos como Carlos V emprendieron importantes obras de conservación y reforma para poder disfrutarlos como lo habían hecho antes sus creadores. ◆

Los patios del Mexuar preceden la fachada de la sala del mismo nombre, estancia central de los edificios más antiguos de los Palacios Nazaríes.

El Mexuar

De consejo de ministros a capilla cristiana

La puerta adintelada de acceso a la sala del Mexuar ha perdido los alicatados del zócalo, pero conserva las yeserías de la mitad superior y el típico alero de madera que la cubre.

Como la de casi todos los reinos, la historia de la dinastía nazarí está repleta de conspiraciones, asesinatos y guerras civiles. El sultán Ismaíl I (1279-1325) accedió al trono de la Alhambra en 1314, tras derrocar a su primo Nasr, que quedó desterrado en la cercana ciudad de Guadix, desde donde conspiró para recuperar el poder. Castilla vio en esa disputa una gran oportunidad para conquistar Granada. El ataque cristiano, sin embargo, fue repelido por las tropas de Ismaíl en el llamado Desastre de la Vega de Granada (1319), batalla en la que perdieron la vida dos notables castellanos: Juan y Pedro de Castilla, hijo y nieto de Alfonso X el Sabio. Si el resultado de esa ofensiva hubiera sido de signo contrario, la presencia musulmana en la Península probablemente habría terminado cerca de dos siglos antes.

Con la derrota cristiana, se abrió un período de relativa paz que Ismaíl I aprovechó para seguir adelante con su gran proyecto civil: la construcción de un nuevo palacio en la Alhambra. Ismaíl contó con la valiosa ayuda de Ibn al-Yayyab (1274-1349), visir o primer ministro de hasta seis sultanes y uno de los tres grandes poetas cuyos versos adornaron los muros de la Alhambra, convertidos en bellísimas decoraciones epigráficas: relieves con frases en caligrafía árabe enalteciendo a Dios y al sultán y elogiando la belleza de la ciudad palatina.

El conjunto edificado por Ismaíl consta de tres patios –uno de los cuales albergó a Pedro Machuca, arquitecto del palacio de Carlos V–, el salón propiamente conocido como Mexuar –nombre que designa al lugar donde se reunía el consejo de ministros–, el llamado Cuarto Dorado y un pequeño oratorio que rompe la estructura ortogonal del conjunto para cumplir con la preceptiva orientación hacia la Meca. Estas estancias, las más primitivas de todos los Palacios Nazaríes, han tenido muchas funciones a lo largo de sus 700 años de existencia. Lo que en su inauguración fue el núcleo de la residencia real de Ismaíl, pasó a tener, bajo el reinado de su nieto Muhammad V, el citado uso gubernamental y también fue el salón del trono y el lugar donde el sultán impartía justicia. Y en el siglo XVI, tras la conquista castellana, fue profundamente reformado y convertido en capilla cristiana. ◆

Sala del Mexuar
El Mexuar es uno de los espacios de la Alhambra que más alteraciones ha sufrido: a principios del siglo XIV fue sala del Trono; posteriormente, sala vestibular y de reuniones; finalmente, en el siglo XVI fue reformado como capilla. La transformación de la sala del Mexuar en capilla implicó, en el siglo XVI, la incorporación de un patio contiguo como coro. La balaustrada de madera del coro, de factura cristiana, contrasta con la decoración islámica del Mexuar.

Sala del Mexuar

El nombre de esta sala, una de las más antiguas de toda la Alhambra, proviene del árabe *maswar*, palabra que designa el lugar donde se reunía la *sura*, el consejo de ministros. Sin embargo, a lo largo de los siglos, esta estancia ha tenido otros usos muy diversos: fue construida durante el reinado del sultán Ismaíl I (1314-1325) como parte fundamental del primer palacio, sirvió de sala de audiencias —estaba provista de una cámara desde la que el sultán seguía los juicios sin ser visto, tras una celosía—, tuvo la función de salón del trono y finalmente, tras la conquista cristiana, fue consagrada como capilla, para cuyo uso el espacio sufrió profundos cambios.

Esta es la configuración que, con algunas transformaciones modernas, ha llegado a nuestros días. La estancia presenta un ámbito de planta cuadrada en el centro, sostenido por cuatro columnas de mármol y rematado originalmente por una alta cúpula, revestida quizás de cerámica vidriada, que a mediados del siglo XVI desapareció para incorporar una planta superior a la sala. Este espacio cuadrado está inscrito en otro mayor, de planta rectangular, que destaca por sus muros decorados con zócalos alicatados traídos de otras estancias del conjunto y epigrafías en yeso con inscripciones cristianas realizadas por artistas moriscos.

Detalle de las decoraciones de tipo geométrico del zócalo de alicatado de la sala del Mexuar.

Para alojar la capilla cristiana hubo que rebajar el suelo de la sala del Mexuar. El nuevo suelo se decoró con motivos heráldicos.

Artesonado del techo del Mexuar.

Las ventanas de la sala de Oración se abren al barrio del Albaicín.

Paso de comunicación entre el Mexuar y el pórtico del Cuarto Dorado.

Cuarto Dorado

El Cuarto Dorado y sus espacios anexos son un ejemplo de la singular concepción de los palacios que tenían los musulmanes, tan moderna y distinta a la de otras culturas y tan atenta a la privacidad y la seguridad de sus moradores. Efectivamente, a la zona del Cuarto Dorado se entraba desde el Mexuar, a través de una discreta puerta lateral tan estrecha que permitía el paso de una sola persona, convenientemente vigilada por la guardia real. Los súbditos que acudían a las audiencias del sultán cruzaban esa angosta puerta y accedían al pórtico que separa el Cuarto Dorado propiamente dicho del patio con fuente central en el que tenían lugar las recepciones. En el lado sur del patio, los visitantes podían extasiarse admirando la suntuosa fachada del palacio de Comares. En el lado opuesto, el pórtico del Cuarto Dorado está formado por tres bellos arcos cuyas proporciones enmarcan visualmente aberturas similares en el muro del cuarto. El nombre de la estancia proviene del pan de oro que recubría los artesonados de la habitación en época cristiana, período en el que también se transformaron las ventanas: las laterales quedaron cegadas y la central se convirtió en un evocador mirador hacia el Albaicín.

Patio del Cuarto Dorado
El lado norte de este patio, presenta un pórtico de tres arcos decorados con yeserías.

Palacio de Comares

Una exhibición de poder y refinamiento

De vuelta a Granada tras derrotar a los castellanos en el estratégico enclave de Algeciras, el sultán de Granada Muhammad V quiso conmemorar su gran triunfo mandando erigir una portada monumental en la entrada al palacio de Comares, la residencia real que había ordenado edificar su padre –Yusuf I– junto al ya existente Mexuar. Hoy, la fachada de Comares, con su excepcional revestimiento de yesería y cerámica, se considera uno de los patrimonios más valiosos de la Alhambra y una de las obras más admirables de la historia del arte musulmán, además de servir de acceso monumental a la segunda de las residencias reales de la ciudad palatina: el palacio de Comares.

La delicadísima decoración de la fachada del palacio de Comares, una de las más valiosas maravillas de la Alhambra, aparece a los ojos del visitante que entra en el pórtico del Cuarto Dorado.

Por su situación estratégica en el estrecho de Gibraltar, Algeciras fue siempre una plaza codiciada. Fue la primera ciudad fundada por los musulmanes en la península Ibérica tras su desembarco en el 711 y a lo largo de la Edad Media vio llegar todas las invasiones desde África –los almorávides en 1086, los almohades en 1147, los benimerines en 1275...– y desde Castilla, que tomó la ciudad en 1344, tras un durísimo asedio de 21 meses. Veinticinco años después, en 1369, Muhammad V vio la ocasión de recuperar la plaza aprovechando la guerra civil que acababa de enfrentar a los infantes de Castilla Pedro y Enrique. Tras un sitio de apenas tres días, los nazaríes reconquistaron Algeciras.

La fachada del palacio de Comares que se construyó en conmemoración de este éxito militar, servía de telón de fondo para las audiencias del sultán, que impresionaba a sus súbditos y visitantes al recibirlos sentado en su jamuga, sobre los tres peldaños que preceden a la portada, en una muestra de la opulencia de su reino. El zócalo de cerámica vidriada, las yeserías con decoración vegetal, geométrica y epigráfica, y el extraordinario alero de madera que cubre la portada, así como su armónica simetría, son un compendio de lo más característico del arte islámico y sirven de prólogo a toda la riqueza que el visitante encontrará si elige la puerta de la izquierda y entra en la parte noble del palacio de Comares, una residencia real organizada alrededor del patio de los Arrayanes que alberga otro de los hitos de la Alhambra: el fastuoso salón de Comares. ◆

Detalle de las yeserías de la fachada.

Fachada del palacio de Comares desde el pórtico del Cuarto Dorado.

Fachada de Comares

Cualquier monarca cristiano habría reservado tal derroche de riqueza y creatividad para la construcción de una fachada exterior que pudiesen admirar el mayor número de propios y extraños. Sin embargo, Muhammad V (1339-1391) mandó levantar este delicadísimo pórtico en un patio interior, el del Cuarto Dorado, de modestas dimensiones, solo a la vista de los afortunados que tenían audiencia con el sultán, en lo que es una muestra paradigmática de la peculiaridad de la arquitectura islámica. Inaugurada en 1370 como frontera entre el espacio público y el privado de los Palacios Nazaríes, casi toda la fachada está trabajada en yeso, excepto el zócalo y los marcos de las puertas, originalmente hechos a base de alicatados de ricos colores y formas. Las yeserías constituyen, sin duda, una de las obras cumbre del arte musulmán universal, con riquísimas decoraciones de todos los tipos, aunque las inscripciones, destinadas principalmente a loar la figura de Muhammad V, destacan con luz propia. Y para proteger al sultán del sol y la lluvia cuando se sentaba en su trono en el más alto de los tres escalones que elevan la fachada, un extraordinario alero de madera de cedro remata el conjunto, repleto de relieves tallados con motivos naturalistas.

Detalle de una de las composiciones geométricas del zócalo de la fachada de Comares.

La simetría da equilibrio a la composición de la fachada del palacio de Comares.

Patio de los Arrayanes

De las tinieblas a la luz. Un pasillo oscuro, con forma de U, conduce del pequeño patio del Cuarto Dorado al gran patio de los Arrayanes, núcleo del ámbito privado de la residencia del sultán. Como ocurre en buena parte de las casas andaluzas tradicionales a raíz precisamente de la indeleble influencia de la arquitectura musulmana, todas las estancias del palacio de Comares, construido en época de Yusuf I (1318-1354) y ennoblecido por su hijo Muhammad V (1339-1391), se ordenan alrededor de ese patio que aporta dos ingredientes considerados fundamentales por la cultura islámica: el agua, en forma de una gran alberca central en cuyas tranquilas aguas se reflejan los edificios circundantes, y la vegetación: dos hileras de arrayanes que, perfectamente recortados, dan nombre al espacio. A causa de su origen árabe, los sultanes nazaríes daban una enorme trascendencia a estos dos elementos naturales tan escasos en su entorno, tanto desde el punto de vista espiritual –como símbolo del paraíso– como del puramente físico: la alberca y los arrayanes ayudaban a crear un microclima sumamente agradable incluso en los días más cálidos del verano.

La alberca y la torre
La torre de Comares, la más alta de las atalayas de la Alhambra, se refleja en la alberca del patio de los Arrayanes, el espacio abierto alrededor del cual se estructuran las estancias del palacio de Comares.

Pórtico norte del patio de los Arrayanes en el palacio de Comares (s. XIV).
Una característica de la arquitectura nazarí es la presencia de pórticos en los lados menores del patio.

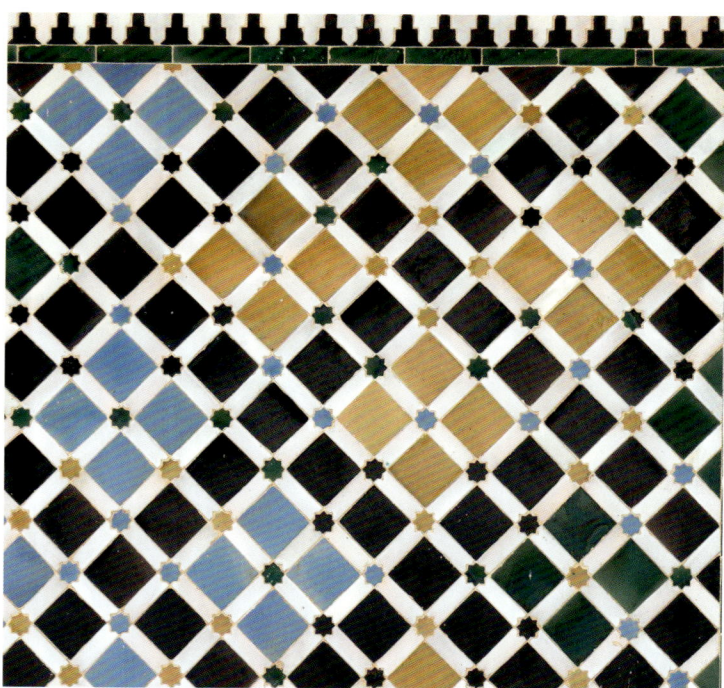

Detalle de una de las composiciones
geométricas del zócalo del patio de los
Arrayanes.

**Pórtico sur del patio
de los Arrayanes**
Tras la fachada puede verse
el palacio de Carlos V adosado
al fondo.

Las yeserías de los pórticos

En los muros de los pórticos del patio de los Arrayanes, un largo friso de yeserías sobre el zócalo de alicatados muestra, a la altura de los ojos del visitante, una serie de poemas áulicos escritos por el visir Ibn Zamrak y dedicados al sultán Muhammad V. Sobre la decoración epigráfica, formas de bulbo y pequeñas cúspides rematan las yeserías.

Salón del Trono

También conocido como salón de Embajadores o de Comares, el salón del Trono es, sin duda, una de las estancias arquitectónica y simbólicamente más relevantes de la Alhambra. Se trata de un gran cubo inscrito en la base de la mayor torre de la fortaleza-palacio –la imponente torre de Comares– y provisto de una decoración primorosa que reviste absolutamente toda su superficie de yeso, cerámica y madera noble. Las yeserías están repletas de versículos del Corán y de alabanzas al sultán, titular del trono que presidía la estancia. La uniformidad cromática y las formas orgánicas del trabajo en yeso contrastan con el exuberante colorido y los motivos geométricos de los zócalos de alicatados.

La luz entra en el salón a través de nueve vanos, tres por cada lado excepto el de la puerta de acceso. Estas aberturas forman pequeñas alcobas que aprovechan el extraordinario grosor de los muros que sustentan la torre. Y en lo alto de la estancia, uno de los más maravillosos ejemplos de ebanistería musulmana: el techo formado por más de 8.000 piezas que forman las estrellas de los siete cielos, los distintos estadios que deben superar los fieles para alcanzar el paraíso.

Es normal que una estancia tan sumamente especial contara con una antesala que la separase del patio: la sala de la Barca, así conocida porque en ella el sultán recibía la bendición (*baraka*) antes de ocupar su trono. Su techo, pintado en oro en época cristiana, desapareció tras un incendio en 1890. Las pocas piezas que quedaron sirvieron de inspiración para su reconstrucción.

Una de las nueve alcobas del salón del Trono, cerrada por celosías que tamizan la luz.

Perspectiva desde el salón del Trono
Vista del tránsito desde el salón del Trono o de Embajadores hasta el patio de los Arrayanes a través de la sala de la Barca. Uno de los rasgos característicos de la arquitectura de la Alhambra son los juegos de luz que se producen en los tránsitos desde los patios hasta las estancias interiores. En el arco, se observan sendas *taqas* en sus paredes.

Taqa

Las *taqas* son nichos que normalmente se encuentran en la parte interior de los arcos de acceso a las salas. Además de una función práctica, ya que servían para contener vasijas de agua –para beber y para lavarse las manos–, se integran en el conjunto arquitectónico como elementos decorativos que aportan belleza y equilibrio. En la foto, una de las *taqas* situadas en los arcos que comunican el salón del Trono con la sala de la Barca. Realizadas en mármol policromado, son las únicas con las paredes interiores alicatadas.

Techo del salón del Trono. Se trata de una obra culminante de la ebanistería musulmana y representa los siete cielos del Islam.

Salón del Trono
También llamado
de Embajadores
o de Comares, este
salón es una de las
más bellas y lujosas
estancias de los
Palacios Nazaríes y
ocupa el interior de
la torre mayor del
conjunto.

**Las alcobas del
salón del Trono**
Nueve pequeñas alcobas
situadas en tres de los
gruesos muros de la torre
dan luz y volumetría al salón.
En la imagen pueden verse
dos de estas alcobas.

Baño de Comares

Con acceso directo desde el patio de los Arrayanes, el baño de Comares era el *hammam* privado del sultán. Su relevancia es extraordinaria, puesto que son los baños árabes medievales mejor conservados de Europa y muestran como un libro abierto el grado de comodidad y refinamiento que alcanzó la corte granadina en el siglo XIV. Tras un vestíbulo situado a la misma altura que el patio, unas escaleras conducen a la opulenta sala de las Camas –la sala de reposo– que recibe luz natural a través de una linterna central. La iluminación –tenue e intimista– era un ingrediente fundamental en la relajación que proporcionaban los baños.

A continuación, un pequeño *frigidarium* –los baños fríos, *bayt al-Barid* en árabe– da paso a la sala central del complejo: el *tepidarium*, los baños templados o *bayt al-wastani*. Esta estancia está encajada entre dos arquerías y presenta suelos de mármol que conservan el calor emitido por las canalizaciones que discurren bajo el suelo. Finalmente, el ritual del baño llegaba al *caldarium*, los baños calientes o *bayt al-sajun*, bajo los cuales se encontraba todo el sistema de calefacción, con el horno y la caldera.

Las tres salas de baño están cubiertas por bóvedas iluminadas y aireadas mediante ingeniosos tragaluces provistos de cristales que podían abrirse y cerrarse para regular el vapor en la estancia.

La bóveda del *tepidarium* está repleta de tragaluces de formas estrelladas y lobulares.

El *frigidarium*
Arco que separa el *tepidarium*, en primer plano, y el *frigidarium*, al fondo. Sobre la pila de este último se distingue el zócalo decorado con azulejos que imitan las ondulaciones del agua.

El *tepidarium*
La sala central del *hamman* de Comares está presidida por la bellísima bóveda iluminada por tragaluces provistos de pequeñas tapas de cristal por el exterior para regular la temperatura ambiente del interior.

Baño del palacio de Comares
No son muchos los edificios de estas características que se conservan en pie. En la segunda mitad del siglo XIX las yeserías fueron repintadas en vivos colores.

Sala de las Camas
La estancia equivalente
al *apodyterium* de
los baños romanos
recibía a los bañistas
con una fuente central
y una altísima linterna
que aportaba luz
y ventilación.

Linterna de la sala de las Camas de los baños de Comares.

Galería en el primer piso sobre la sala de las Camas.

Leñera de los baños. Bajo el *caldarium* de los baños se sucedían una serie de habitáculos de servicio, como el hipocausto, con el horno y la caldera, y la leñera.

Sala de los Secretos.

Palacio de los Leones

Un paraíso en la Tierra

« **B** endito sea Aquél que otorgó al imán Muhammad las bellas ideas para engalanar sus mansiones. Pues, ¿acaso no hay en este jardín maravillas que Dios ha hecho incomparables en su hermosura, y una escultura de perlas de transparente claridad, cuyos bordes se decoran con orla de aljófar? Plata fundida corre entre las perlas, a las que semeja belleza alba y pura. En apariencia, agua y mármol parecen confundirse, sin que sepamos cuál de ambos se desliza. ¿No ves cómo el agua se derrama en la taza, pero sus caños la esconden enseguida? Es un amante cuyos párpados rebosan de lágrimas, lágrimas que esconde por miedo a un delator».

Patio de los Leones
Construido en el siglo XIV, este espacio de asombroso equilibrio y dinamismo representa la culminación de la arquitectura nazarí.

Estos emotivos versos adornan la fuente de los Leones, el reclamo más célebre de la Alhambra. Los escribió el político y poeta granadino Ibn Zamrak (1333-1393), uno de los tres grandes visires-poetas que se sucedieron en las responsabilidades de gobierno del reino de Granada al servicio de distintos sultanes. A los ciudadanos del pragmático siglo XXI nos parece curiosa esa estrecha vinculación entre la cultura y la política en el mundo musulmán medieval, pero entonces era habitual que los sultanes se rodearan de sabios que les ayudaran a tomar las decisiones más comprometidas y que incluso uno de ellos fuera nombrado visir, primer ministro de los antiguos estados árabes.

Granadino de origen humilde, Ibn Zamrak fue adoptado e instruido por Ibn al-Jatib, su predecesor en el cargo y otro de los grandes poetas-visires de Granada. Sin embargo, lo que empezó siendo una entrañable relación entre maestro y aprendiz acabó envenenándose por motivos políticos: a Ibn Zamrak lo acusaron de estar implicado en el asesinato de Ibn al-Jatib y cuando los partidarios de su mentor volvieron al poder lo apresaron y ejecutaron sin tener la más mínima clemencia por su fama como poeta.

Todas estas intrigas, como es de imaginar, no aparecen en los versos que, en forma de delicados epigramas, decoran espacios regios de la Alhambra como la fachada de Comares, la torre de la Cautiva, la sala de Dos Hermanas y la citada fuente de los Leones, el eje alrededor del cual se desarrolla el palacio homónimo,

Bosque de columnas
Perspectiva del patio de los Leones desde la sala de los Reyes. Los pabellones que se proyectan hacia el patio crean fantásticos juegos de luces y sombras. En primer plano, los mocárabes del arco de la estancia parecen un cortinaje de textura textil.

último de los Palacios Nazaríes en construirse, obra de Muhammad V durante el período de máximo esplendor del reino nazarí.

Culminación de la creatividad artística de la Granada musulmana, el palacio de los Leones se organiza alrededor de un patio de crucero de forma rectangular. Una primera diferencia que se observa en relación con los demás patios de la Alhambra es la presencia de la fuente en el centro en lugar de la habitual alberca. Pero eso es solo una de las innovaciones: como ocurre en los claustros cristianos, el patio de los Leones está porticado por sus cuatro costados, una decisión que rompe con la tradición andalusí de construir pórticos solo en los lados cortos. Esa modificación permite proyectar estancias de similar jerarquía en los cuatro costados, en este caso, las salas de los Mocárabes, de los Abencerrajes, de los Reyes y de Dos Hermanas.

La estructura —embellecida con la edificación de dos esbeltos pabellones que sobresalen de los costados menores— responde a la voluntad del constructor de evocar la *Yanna* o paraíso: el patio de crucero está dividido en cuatro partes, equivalentes a los cuatro elementos que forman el mundo: la tierra, el fuego, el agua y el aire. Y a la fuente desembocan cuatro canales que simbolizan los grandes ríos que recorren el edén. ◆

Capiteles de las galerías del patio de los Leones
La delicadeza de las decoraciones y la gran variedad
de formas son una de las razones por las que
el patio de los Leones es uno de los más valiosos
patrimonios de la Alhambra.

Patio de los Leones

El palacio de los Leones es la huella más impresionante del período de máximo esplendor del reino nazarí —el segundo mandato de Muhammad V, en la segunda mitad del siglo XIV— y la culminación arquitectónica y artística de la Alhambra. Y en el núcleo de tan singular complejo se encuentra el patio de los Leones, una estructura porticada a cielo abierto de planta rectangular que obedece a una tradición indiscutiblemente musulmana y que, al mismo tiempo, fue audaz en su época por la presencia de pórticos en todos sus lados. La célebre fuente central recoge el agua de cuatro canales dispuestos en cruz: dos provienen del interior de sendas estancias y cruzan perpendicularmente los pórticos largos y los dos restantes nacen en los pabellones que se proyectan hacia el patio y que —cubiertos por cúpulas semiesféricas y rematados por tejados en vértice— proporcionan un gran dinamismo a la estructura. Se desconoce si originalmente los cuatro parterres que forman la parte a cielo abierto estaban pavimentados, como los vemos en la actualidad, o ajardinados, a un nivel inferior a los canales y los pórticos.

Los canales del patio de los Leones
De cada uno de los lados del patio, nace un canal que lleva el agua hasta la fuente de los Leones. En los lados largos nacen en el interior de las estancias, y en los cortos, en los pabellones.

os perspectivas del patio de los Leones.

Fuente de los Leones

El principal símbolo de la Alhambra se encuentra en el centro geométrico del patio homónimo: doce leones de mármol –todos distintos– dispuestos de manera concéntrica, como los doce índices de un reloj, tallados de forma primorosa, hasta el punto que el escultor aprovechó las vetas de distintos colores tan características del mármol para realzar las partes más representativas del animal.

La pila, también de mármol, es una sola pieza de base dodecagonal –un lado por león– y en su contorno están tallados seis versos del emocionado poema –ya referido en la introducción del capítulo– en el que visir Ibn Zamrak loa a Muhammad V, el sultán que mandó esculpir la fuente y construir el palacio del que es epicentro. Originalmente, tanto la pila como los leones estaban policromados y la fuente contaba con un ingenioso surtidor gracias al cual el nivel del agua era siempre el mismo.

La fuente y cinco de sus doce leones.

Tallados en mármol blanco de Macael, los doce leones se disponen de manera radial.

l escultor aprovechó las vetas de la propia piedra para dar más realismo a los relieves de los leones.

Sala de los Abencerrajes

Situada en el lado sur del patio de los Leones, esta estancia actúa exteriormente como contrapunto de la de enfrente, la sala de las Dos Hermanas, con la que comparte la forma de *qubba*: una estructura arquitectónica de cuerpo cúbico y rematada por una cúpula generalmente semiesférica. La transición de un volumen a otro se realiza mediante pechinas: los cuatro triángulos levemente cóncavos situados en los ángulos. Los Abencerrajes o Banu Sarray fueron una familia noble de Granada que protagonizó diversas revueltas en el siglo XV. Según la leyenda, en esta sala fueron degollados miembros de este clan.

Aunque está cubierta por una excepcional cúpula de mocárabes con forma de estrella de ocho puntas, la estancia parece un patio al aire libre, puesto que parte del pavimento está ocupado por una fuente dodecagonal, origen de uno de los cuatro canales que desembocan en la fuente de los Leones. Pese a esa impresión, la sala debió funcionar como una vivienda independiente, con dos alcobas laterales en la planta baja, letrina y una escalera que daba acceso a un piso superior provisto de varias estancias.

Taqa
En árabe, *taqa* significa nicho, alacena o abertura en un muro, justo lo que son. Algunos expertos indican que las vasijas de agua que se depositaban en las *taqas* podían contener elementos que perfumaban el aire de las salas con fragancias frescas y agradables.

Cubierta estrellada
La luz que entra por los vanos de la cúpula se articula como un elemento más de la decoración de la cubierta de la sala de los Abencerrajes, totalmente revestida de mocárabes que ven realzado su relieve gracias a la iluminación natural.

Sala de los Abencerrajes
Hasta en los ámbitos
interiores del palacio,
la luz parece articularse
en la arquitectura como
un elemento más de la
decoración en la Alhambra.

Patio del Harén

En un nivel superior a la sala de los Abencerrajes, sobre el aljibe que abastecía de agua al palacio, se sitúa el patio del Harén, único vestigio de lo que fue una vivienda independiente, posiblemente la residencia de las esposas del sultán. Consta de dos pórticos que destacan por sus singulares capiteles de piedra serpentina negra únicos en la Alhambra y procedentes de otro edificio. Conserva los zócalos originales, pintados al fresco con epigrafías y formas geométricas.

Pórtico del patio del Harén
Los capiteles de piedra negra traídos de otro monumento del reino destacan en la decoración de este patio.

Sala de los Reyes

El ala oriental del patio de los Leones está ocupada por este espacio que consta de un repartidor longitudinal –la sala propiamente dicha– que da acceso a cinco estancias de planta rectangular separadas por pequeñas cámaras cuadradas. La característica más remarcable de este conjunto es el fraccionamiento de los techos y, especialmente, la existencia de falsas bóvedas elípticas de madera revestidas de excepcionales pinturas sobre cuero en tres de las estancias, las que discurren paralelas al repartidor.

¿Por qué son excepcionales estas pinturas? Porque son figurativas: representan personas que, por su vestimenta y las costumbres que se reflejan, son indiscutiblemente musulmanas. La estancia central, por ejemplo, muestra a diez aristócratas que se han identificado con otros tantos sultanes nazaríes –de ahí el nombre de la sala–, mientras que las dos restantes presentan escenas de caza, amorosas y de otra naturaleza, todas aparentemente relacionadas con mitos y obras de la realeza granadina. Es conocido que el Corán prohíbe la representación figurativa, así que se cree que estas pinturas las realizaron artistas góticos toledanos alrededor del 1400 y demuestran la permeabilidad existente entre los reinos cristianos y musulmanes en pleno conflicto por el control de la Península.

Perspectiva de la estancia principal de la sala de los Reyes, con sus característicos arcos decorados con mocárabes.

Pinturas con escenas caballerescas que decoran la bóveda sur de la sala de los Reyes.

Imágenes de nobles en la alcoba central de la sala de los Reyes.

Pinturas con escenas caballerescas en la bóveda norte de la sala de los Reyes.

A la izquierda, arcos laterales de acceso a la sala de los Reyes.
Arriba, uno de los techos de mocárabes que decoran las cúpulas de dicha sala.

Sala de Dos Hermanas

Así llamada por las dos losas de mármol del pavimento, la sala de Dos Hermanas es la estancia principal del palacio de los Leones, construida con fines residenciales. Se trata de una gran *qubba* –un cuerpo cúbico cubierto por una cúpula– que estaba originalmente separada del patio por una exquisita puerta de madera que hoy puede admirarse en el Museo de la Alhambra. De toda la opulenta decoración que hace de esta sala una de las más ricas de la fortaleza-palacio, destaca la cúpula, un hito en la historia de la arquitectura musulmana, loado por el poeta Ibn Zamrak en las inscripciones grabadas en la propia estancia: «En él (el palacio) las cinco pléyades encuentran por la noche refugio y la lánguida brisa se torna sublime. En él existe una espléndida cúpula, sin igual, cuya belleza es a la vez oculta y manifiesta».

En efecto, la luz que entra a través de las 16 ventanas, filtrada por las celosías, realza los intrincados volúmenes de los mocárabes, que generan un maravilloso efecto caleidoscópico de estrellas concéntricas, desde la más pequeña en el centro de la composición hasta la mayor, formada por los ángulos que sirven de transición desde el tambor octogonal hasta los muros de planta cuadrada.

Cruzada la sala de Dos Hermanas, se llega a la sala de los Ajimeces, una estancia alargada así llamada por el nombre con que se conoce el tipo de ventanas que la iluminan: provistas de balcones volados de madera con celosías.

Techo de la sala de Dos Hermanas
El interior de la cúpula de esta estancia, construido a base de mocárabes, representa una de las cumbres de la arquitectura musulmana.

Sala de Dos Hermanas
La articulación de espacios geométricos es una constante de la arquitectura nazarí; en esta sala se aprecia la proyección cúbica de su planta cuadrada.

Decoración mural
Por su condición de estancia principal del palacio de los Leones, los muros de la sala de Dos Hermanas presentan una decoración fastuosa desde el suelo hasta la cúpula. Aquí nace uno de los canales que lleva agua a la fuente del patio.

Extraordinaria sucesión de arcos
entre la sala de Dos Hermanas
y el patio de los Leones.

Detalle de la decoración de la sala
de Dos Hermanas.

Mirador de Lindaraja

En la sala de los Ajimeces se abre este pequeño mirador desde el que en época musulmana se podía admirar un relajante huerto en primer plano y el caserío escalonado del barrio del Albaicín al fondo. A principios del siglo XVI, sin embargo, se construyó enfrente una residencia para el emperador Carlos V que cerró el huerto a modo de claustro y dejó el mirador sin más panorama que dicho vergel, que pasó a llamarse patio de Lindaraja.

Pese a la pérdida de perspectiva, el mirador es en sí mismo una joya, puesto que alberga algunas de las decoraciones más esplendorosas de la Alhambra, con mocárabes sobre la ventana de doble arco, delicadas yeserías geométricas y epigráficas, y zócalos de alicatados con formas estrelladas. Una bóveda de madera totalmente revestida de cristales de colores cubre todo el conjunto, a modo de linterna cenital.

El mirador de Lindaraja atesora una de las decoraciones mas esplendorosas de la Alhambra.

Habitaciones del Emperador

En 1526, 34 años después de la conquista cristiana de Granada, el emperador Carlos V visitó la ciudad con motivo de su luna de miel con Isabel de Portugal. Conocedor de la fama de la Alhambra, pidió alojarse en el palacio nazarí. Para este fin se edificaron unas nuevas estancias al norte del palacio de los Leones, con acceso desde la sala de Dos Hermanas y vistas al patio de Lindaraja, enfrente del mirador homónimo.

Decoradas al gusto del Renacimiento, las llamadas habitaciones del Emperador incluyen el despacho –provisto de un artesonado diseñado por Pedro Machuca, arquitecto del vecino palacio de Carlos V–, una antecámara, las alcobas de los emperadores –en las que en 1829 se alojó el escritor estadounidense Washington Irving (1783-1859), autor de los célebres *Cuentos de la Alhambra*– y la llamada sala de las Frutas, en cuyo techo los pintores de origen italiano Julio de Aquiles (?-1556) y Alejandro Mayner (?-1545), probablemente discípulos del genial Rafael Sanzio (1483-1520), representaron decenas de frutos de la huerta, siguiendo la costumbre de la época en los palacios aristocráticos de su país de procedencia.

Vistas de la muralla
Gracias a su ubicación periférica, sobre las murallas, las habitaciones del Emperador ofrecen extraordinarias vistas de otros tramos del perímetro, como esta de los edificios del Partal.

Decoración renacentista en las habitaciones del Emperador. La sobriedad es la tónica general, excepto en el techo y los ornamentos del hogar de la chimenea.

Detalle del artesonado de la sala de las Frutas, compuesto por octógonos y estrellas de cuatro puntas.

Peinador de la Reina

Desde la antecámara de las habitaciones del Emperador, una galería que discurre sobre la muralla conduce a una de las estancias más singulares de la Alhambra: el peinador de la Reina. Forma parte de la única torre que rompe la forma y el orden de la fortificación, de la que sobresale. En época nazarí, durante la primera mitad del siglo XIV, se construyó en dicha torre un pabellón de recreo y meditación para el sultán y su familia. Dos siglos después, entre 1537 y 1546, se añadió el peinador propiamente dicho, una galería superior con pinturas renacentistas de temas mitológicos y militares a cargo de los mismos artistas de origen italiano que pintaron la techumbre de la vecina sala de las Frutas. La reforma, no obstante, respetó parte de la ornamentación nazarí, combinación que crea un interesante contraste. Tanto el peinador como la galería que le sirve de acceso ofrecen una de las mejores vistas de los barrios granadinos del Albaicín y el Sacromonte.

Frescos renacentistas
Interior de la llamada sala de la Estufa. Las pinturas murales muestran escenas del desembarco de las tropas del emperador Carlos V en Túnez.

Decoración renacentista
Detalle de las pinturas
renacentistas que decoran los
vanos exteriores del Peinador
de la Reina, que muestran
la rica superposición de
elementos cristianos
renacentistas sobre los
musulmanes medievales.

Galería del Peinador
Los arquitectos del
Renacimiento heredaron
el gusto por los miradores
y los valores paisajísticos
de la Alhambra, como se
comprueba con la galería
que conduce al Peinador
sobre la misma muralla
de la ciudadela.

Patio de Lindaraja

La forma de claustro, con galerías porticadas en sus cuatro lados, delata el origen cristiano de este patio, construido en el siglo XVI, aunque su costado sur está marcado por la presencia del exquisito mirador homónimo, perteneciente al palacio de los Leones, de factura genuinamente musulmana. Los tres lados restantes están ocupados por las habitaciones del Emperador, que disfrutan del sosiego del jardín y de la fuente central, combinación de elementos barrocos y musulmanes. Esa configuración ajardinada, además de la vegetación reinante y de los pórticos de la planta baja —para cuya construcción se reutilizaron columnas de otras edificaciones del palacio— acrecientan en el visitante la sensación de hallarse en un ámbito claustral, un ejemplo más de la hibridación cristiano-musulmana que reina en la Alhambra.

El patio y la fuente
A partir del siglo XVI el jardín bajo del palacio de los Leones quedó enclaustrado por las habitaciones del Emperador Carlos V. La taza de su fuente fue construida al gusto barroco.

Fuente barroca del patio de Lindaraja.

El patio de Lindaraja, al fondo, desde la entrada de a sala de los Secretos.

Patio de la Reja

La construcción de las estancias para el servicio origi-
nó este patio contiguo a las habitaciones del Emperador y al *hammam* del palacio de Comares. Se trata de
un pequeño y tranquilo espacio abierto, con una
fuente de mármol en el centro y un curioso balcón
protegido por una reja –de ahí el nombre– que reco-
rre uno de los muros por la parte superior y sirve para
comunicar las estancias adyacentes.

El patio queda encerrado en su cara norte por
una galería de dos plantas, concebida para
comunicar las habitaciones renacentistas del
emperador Carlos V con la torre de Comares.
Abajo, la fuente con taza de mármol blanco
situada en el centro del patio.

Palacio de Carlos V

Geometría para dominar el mundo

En 1526, Carlos V, rey de España y emperador del Sacro Imperio, se casa en Sevilla con Isabel de Portugal. Pocas semanas después, la pareja visita Granada y queda impresionada por la belleza de la Alhambra. Tanto, que Carlos V manda construir un palacio real en el interior de la ciudad palatina. La iniciativa se llevó a cabo envuelta de un gran simbolismo. Se trataba de evidenciar el triunfo de la cristiandad sobre el islam: el heredero de los Reyes Católicos residiría en el último bastión musulmán en Europa.

Fachada meridional del palacio de Carlos V
Por fuera, la construcción renacentista tiene una planta cuadrada casi perfecta, solo ligeramente alterada en el ángulo que limita con los Palacios Nazaríes.

Sobre una gran superficie ocupada anteriormente por una de las alas del palacio de Comares y por el solar en el que las tropas cristianas instalaron su campamento nada más conquistar Granada en 1492, el arquitecto toledano Pedro Machuca diseñó un edificio cuya planta estaba presidida por dos figuras geométricas fundamentales: la estructura exterior cuadrada simbolizaba la Tierra y todo lo finito, mientras que el círculo del patio interior representaba el cielo y lo eterno. A esta alegoría se unía una tercera forma geométrica: la de la cubierta octogonal de la capilla edificada en el ángulo en que el palacio conecta con las estancias de época nazarí. Este oratorio se inspiraba en la Capilla Palatina de Aquisgrán y era un evidente homenaje a Carlomagno, fundador del Sacro Imperio.

Pero el simbolismo no se agotaba ahí. El objetivo de Carlomagno al construir su imperio en el año 800 había sido restaurar la integridad territorial del Imperio Romano, y Carlos V, su descendiente, rememoraría la gloriosa Antigüedad edificando su palacio en estilo renacentista, el movimiento que triunfaba en la Italia de la época defendiendo el retorno a las formas clásicas. Un heredero de los césares debía tener un palacio digno de ellos, una residencia real que reivindicara la romanidad frente a los ya viejos edificios nazaríes. Y es por eso que Carlos V recurrió a Pedro Machuca, un artista formado en Italia, desde donde introdujo en España el manierismo, la escuela característica del Renacimiento pleno.

Pedro Machuca acentuó la horizontalidad de la fachada mediante una cornisa sin interrupción y ofreciendo soluciones distintas y muy sistemáticas a cada planta: sillares almohadillados abajo y pilares adosados arriba.

El centro de la fachada occidental
se distingue del resto del lienzo por la
presencia de medallones escultóricos
que sustituyen a los ojos de buey.

El simbolismo del círculo está presente no solo en la planta del edificio, sino en los detalles decorativos, como los medallones de la fachada y en las anillas de bronce de la parte baja, sostenidas por cabezas de león y de águila.

El palacio se inició en 1533, financiado con los impuestos con que la corona cargaba a los llamados moriscos, los musulmanes que decidieron quedarse en la Península tras la conquista cristiana. Sin embargo, la obra sufrió graves vicisitudes durante su construcción y un siglo después, bajo el reinado de Felipe IV, biznieto de Carlos V, la obra quedó abandonada, con la cubierta sin construir, en una prueba más de la decadencia que experimentó el imperio español desde el inicio del siglo XVII. Lo que debía ser una gran residencia de la corona hispana no albergó a la familia real ni una sola noche. Finalmente, ya en el siglo XX, el edificio quedó completado y hoy alberga el Museo de Bellas Artes de Granada y el Museo de la Alhambra. Desde los miradores de Granada, la gran mole geométrica del palacio de Carlos V contrasta con las construcciones nazaríes adyacentes: unidad frente a dispersión; grandes espacios frente a la más completa compartimentación; ostentación decorativa exterior frente a una absoluta sobriedad mural... Solo la existencia de patios a cuyo alrededor se ordenan las estancias asocia ambas arquitecturas. ◆

En la fachada occidental se presentan relieves de episodios históricos como este de la batalla de Pavía.

Relieve de la fachada occidental que representa sendas Victorias sosteniendo las columnas de Hércules.

El interior del palacio
La articulación entre las
formas ortogonales de la
estructura exterior del palacio
y el desarrollo circular del
patio tiene su punto de
encuentro en los huecos de
las escaleras, magistralmente
resueltos.

Vista general del patio del palacio de Carlos V desde la galería de la planta baja.

Galería del primer piso del palacio.

Vista del patio desde el primer piso.

La fachada occidental del palacio, presidida por la portada principal del edificio.

Museos

Inacabado y jamás utilizado para el fin con que fue construido –residencia real–, el palacio de Carlos V fue restaurado y concluido en la década de 1920 y una parte del edificio fue habilitada para actividades expositivas. En la planta baja se encuentra el Museo de la Alhambra, que alberga la mejor colección de obras y objetos de arte nazarí, la mayor parte procedentes de los trabajos arqueológicos realizados en la propia ciudad palatina: cerámica, yeserías, mármoles, ebanistería, tejidos, vidrio, objetos metálicos y monedas. También expone piezas de arte hispanomusulmán y de otras regiones del mundo árabe y el Magreb, que permiten situar la estética nazarí en el contexto general del arte musulmán. La exposición es el complemento ideal de la visita a la Alhambra y una manera muy agradable de conocer por dentro la arquitectura renacentista del palacio. La visita se puede completar con un paseo por el Museo de Bellas Artes de Granada, situado en la planta superior, que acoge una colección permanente de pintura de los siglos XVI a XX –con predominio de temática religiosa y de estilo barroco– y también exposiciones temporales.

Museo de la Alhambra
Jarrón de las Gacelas, obra maestra de cerámica Islámica.

El Partal

La herencia de Torres Balbás

Los Palacios Nazaríes, erigidos en el esplendor del reino nazarí, captan gran parte de la atención de los visitantes de la Alhambra. También concitan enorme interés las construcciones musulmanas de épocas anteriores –como la Alcazaba– y las edificaciones y reformas llevadas a cabo por los primeros moradores cristianos, como el palacio de Carlos V. Pero, ¿qué ocurrió en la ciudad palatina en los 400 años que van desde que se abandonaron las obras del palacio del emperador, a principios del siglo XVII, hasta nuestros días? La Alhambra de entonces nada tenía que ver con la que admiramos hoy.

El palacio y los jardines del Partal

Al fondo de la imagen, el palacio del Partal o del Pórtico es uno de los edificios más antiguos de la Alhambra. La torre de las Damas, en el extremo izquierdo del palacio, alberga el llamado Observatorio.

Durante una buena porción de esos cuatro siglos, sus edificios, patios, calles y jardines siguieron cumpliendo múltiples funciones residenciales, administrativas, comerciales y defensivas. Y continuaron sometidos a profundas reformas, la mayoría de las cuales nada atentas a la conservación de sus maravillas de época islámica, mudéjar o renacentista.

Afortunadamente, ya en el siglo XIX, la eclosión del Romanticismo y el nacionalismo en Europa despertó el interés de las autoridades por el patrimonio histórico local. En el caso particular de Granada, artistas, intelectuales y políticos empezaron a ser conscientes de que la Alhambra era un bien arquitectónico de valor incalculable que había que conservar y restaurar, aunque en primera instancia las intervenciones fueron excesivamente imaginativas y escasamente científicas.

No fue hasta bien entrado el siglo XX cuando se hizo cargo de las restauraciones una nueva generación de arquitectos y arqueólogos ya educados en la obediencia a una historia del arte sin adulterar. Uno de ellos, el arquitecto madrileño Leopoldo Torres Balbás (1888-1960), es el principal artífice de la Alhambra tal como la conocemos hoy. Uno de los lugares donde la intervención de Torres Balbás es más patente es el Partal, una extensa área aterrazada que rodea al palacio homónimo, probablemente el más antiguo de los conservados en la ciudad palatina. El arquitecto integró los restos arquitectónicos de esta zona en unos agradables jardines que sirven de descanso antes de acometer el paseo por la Medina o por las torres. ◆

El palacio, desde el Albaicín
Vista del palacio del Partal desde el barrio del Albaicín, al otro lado del cauce del río Darro. A la derecha de la imagen destacan la torre de las Damas y el propio edificio del palacio, sólidamente asentado sobre las murallas. A la izquierda, en escorzo, el Oratorio.

Palacio del Partal y torre de las Damas

A diferencia de los Palacios Nazaríes, que se han mantenido siempre en la esfera pública, el palacio del Partal fue de titularidad privada hasta fines del siglo XIX, con lo que llegó a esta época con la configuración muy alterada e incluso con parte de su patrimonio lejos del recinto, como el excepcional techo de madera del torreón, que hoy se expone en el Museo de Pérgamo, en Berlín.

También llamado palacio del Pórtico porque se alza alrededor de una galería porticada que da a una gran alberca, el palacio del Partal forma parte de la estructura de la llamada torre de las Damas, en la muralla de la Alhambra y es probablemente el más antiguo de los que se conservan en la ciudad palatina. Su construcción dataría del reinado de Muhammad III, en los primeros años del siglo XIV, unos años o décadas anteriores a la edificación de los Palacios Nazaríes. Tras el pórtico de cinco arcos se extiende la estancia principal, que ocupa la base de la torre, con zócalo de alicatado, yeserías y techos de madera en peor estado de conservación no especialmente por su mayor antigüedad, sino por estar a la intemperie.

La parte superior de la torre de las Damas está ocupada por el llamado Observatorio, un mirador que ofrece un panorama excepcional hacia los cuatro puntos cardinales y que alberga la cúpula de mocárabes más antigua del conjunto.

Alberca y jardines del Partal
El palacio del Partal distribuía sus dependencias en torno a una gran alberca; los restos de aquellas fueron integrándose, con otros elementos de agua y vegetación, aprovechando los diferentes niveles del terreno, dando lugar a este singular espacio.

Palacio del Partal y, al fondo, las Casas Moriscas.

Palacio del Partal

Interior de la estancia principal del palacio del
Partal, el primero que los nazaríes edificaron
sobre la muralla norte de la Alhambra, el ala
que domina la ciudad baja, el valle del río
Darro, el Albaicín y el Sacromonte.

El Oratorio

La oración era habitual en los palacios musulmanes, que disponían de edificios orientados a la Meca para este fin, como el Oratorio, que aparece a la derecha de la imagen, con un extremo del palacio del Partal a la izquierda y una exquisita vista del Generalife en el centro.

Interior del Oratorio.

Casas del Partal

Al este del palacio del Partal se conservan cuatro casas de dos plantas, originalmente independientes. Pese a ser conocidas como Casas Moriscas –los moriscos fueron los musulmanes forzados a convertirse al cristianismo a principios del siglo XVI–, estas edificaciones datan del siglo XIV. En una de ellas, la llamada casa de las Pinturas, se conservan unos excepcionales restos de decoración mural con escenas de vida cortesana. Lo que los hace inusuales es el hecho de que, junto con las bóvedas de la sala de los Reyes, son el único ejemplo de pintura figurativa de época nazarí.

**Pinturas nazaríes
en las casas del Partal**
Detalle de las pinturas murales figurativas que se encuentran en el interior de las Casas Moriscas, realizadas en el siglo XIV. El arte musulmán no solía representar figuras humanas, puesto que el Corán prohibía la idolatría.

Vista del conjunto del Partal desde las habitaciones del Emperador, con la torre de las Damas, el observatorio y las Casas Moriscas.

Paratas y jardines

Una parata es un bancal que se practica en un terreno en pendiente a fin de allanarlo creando distintos niveles. La zona en cuesta hasta los muros del palacio de los Leones está ajardinada con este tipo de terrazas, que, según los expertos, están inspiradas en los jardines de Medina Azahara, la ciudad palatina construida en el siglo X por Abd al-Rahmán III, primer califa de Córdoba, y referente arquitectónico para todo el mundo hispanomusulmán posterior. Este sistema de paratas sirve de base para los jardines del Partal, que en época musulmana rodeaban los Palacios Nazaríes, incluida el área hoy ocupada por las habitaciones de Carlos V y el patio de Lindaraja. En los jardines se han encontrado vestigios de pequeños pabellones de recreo, casas aristocráticas y tramos empedrados que coincidirían con el trazado de la calle Real Baja que comunicaba la Medina con los palacios.

Los jardines del Partal
Ocupan una extensa zona de la Alhambra, entre terrazas o paratas. Desde finales del siglo XIX fueron recuperados muchos de sus elementos originales, como las albercas, en una feliz integración jardinera, espacial y paisajística.

La Medina

La ciudad real junto a los palacios

Desde que al-Ahmar, el primer sultán nazarí, decidió instalar su palacio en lo alto de la colina de la Sabika en 1238, a su alrededor fue aglutinándose su creciente y nutrida corte. En poco tiempo, todo el espinazo de la colina quedó urbanizado por palacios aristocráticos, mansiones de los altos funcionarios y también por las casas más modestas de la servidumbre que atendía a la nobleza, así como por los comercios y los servicios que una comunidad tan numerosa requería: la mezquita, los baños públicos y todos los oficios para que la ciudad que bullía dentro de las murallas de la Alhambra fuera autónoma.

Vestigios del *hammam* del palacio de los Abencerrajes, en la Medina de la Alhambra.

Todo ese conglomerado intramuros de grandes y pequeños edificios y de calles angostas configuraban la Medina, la auténtica ciudad de la Alhambra, más allá de las opulentas residenciales reales que aún hoy nos admiran.

Dos arterias discurrían paralelas a lo largo de la Medina: la calle Real Alta y la calle Real Baja, adaptadas a la alargada y estrecha orografía de la Sabika. Pese a que su denominación evidentemente se adoptó en la época cristiana, el trazado de ambas calles data del período nazarí. La calle Real Alta, que transcurre por la ladera sur, es la vía principal. Nace en la puerta del Vino y conecta el área de las Placetas y la plaza de los Aljibes, al oeste, con el sector conocido como el Secano, al este, una zona que quedó muy afectada por los combates de la guerra de la Independencia (1808-1814) y acabó desierta de edificaciones.

A lo largo de la calle Real Alta se encuentran la mayoría de las grandes construcciones de la Medina: la iglesia de Santa María de la Alhambra, erigida entre 1581 y 1618 en estilo renacentista sobre el solar de la antigua mezquita, de la que apenas quedan algunos vestigios; el baño de la mezquita, el *hammam* que solía levantarse junto a los grandes oratorios musulmanes; y algunas residencias señoriales, entre las que destaca el palacio de los Abencerrajes. De muchos de estos edificios, sin embargo, solo quedan los cimientos y algunos restos aislados. ◆

Exterior del *hammam* de la mezquita de la Alhambra, en a Medina.

Sala del *hammam* de la mezquita. Arriba, la cubierta.

Calle Real Alta

Antes de darle su nombre actual, nada más conquistar Granada, los castellanos bautizaron esta vía como calle Mayor. Eso demuestra la importancia que tenía la calle Real Alta, que unía los dos extremos de la colina de la Sabika y servía de principal vía de comunicación de la Medina. Probablemente, su trazado vino de la mano del de la Acequia Real, el acueducto que surtía de agua a la acrópolis granadina y que sigue una trayectoria similar. Tras la conquista cristiana, el curso de la calle, así como el de la acequia, tuvo que desviarse unos metros al sur para la construcción del palacio de Carlos V.

La concentración de edificios singulares a ambas lados de esta calle es otro de los indicios de su relevancia. Desde su extremo oriental –la puerta del Vino–, se sucedían la mezquita (hoy iglesia de Santa María) y sus baños –esos dos edificios levantados bajo el reinado de Muhammad III (1302-1309)–, el palacio de los Abencerrajes, el convento de San Francisco –construido sobre un antiguo palacio nazarí y hoy parador de turismo– y otras varias casas nobles.

Iglesia de Santa María de la Alhambra
Fue edificada entre 1581 y 1618 sobre los cimientos de la antigua mezquita de época nazarí.

Vista de una torre de la muralla en la zona de la Medina alta.

Cimientos de viviendas de la Medina alta, con el convento de San Francisco al fondo.

El recinto

Muros que separan y puertas que unen

Como la mayoría de urbes medievales, las ciudades musulmanas solían desarrollarse como las muñecas rusas: en una colina, con buenas vistas de los alrededores, se construía una fortaleza o Alcazaba, cuya guarnición creaba dentro de las murallas un pequeño microcosmos de viviendas y servicios. En la misma Alcazaba –o junto a ella, como ocurre en la Alhambra– solía instalarse el poder político y religioso, incluida una nutrida corte de nobles y funcionarios que vivían alrededor del palacio y configuraban la Medina, un barrio de calles angostas protegido por un segundo cinturón de murallas, el mismo que resguardaba a la residencial real. Al pie de la colina, alrededor de la ciudadela, se iban sumando las viviendas y negocios de muchos artesanos que llegaban atraídos por la actividad de la corte.

Las costumbres feudales acababan acarreando la construcción de un tercer anillo de murallas para que esos nuevos residentes también estuvieran a salvo de invasiones y razias.

Granada y la Alhambra responden fielmente a este modelo. La ciudad palatina era un recinto independiente, pero estaba bien conectada con la ciudad baja por varios caminos que la unían a los barrios más populosos. De todos ellos, hoy se conservan tres, que ascienden hacia la ciudadela remontando las laderas de la colina: la cuesta de Gomérez, que sube desde la ciudad nueva, al oeste; la cuesta del Rey Chico, desde el Albaicín, núcleo original durante el período zirí, al norte; y la cuesta del Realejo, el antiguo barrio judío –al sur–, destruido por los Reyes Católicos tras la expulsión de los hebreos el mismo año 1492 en que conquistaron Granada.

Al final de estas cuestas, los caminantes se topaban con las murallas: dos kilómetros de perímetro fortificado que en tiempos del reino nazarí se podían franquear a través de cuatro puertas, dos en el lienzo norte –la puerta de las Armas, directa a la Alcazaba, y la del Arrabal– y dos en el sur: la puerta de la Justicia y la de los Siete Suelos. Estas puertas exteriores se construían en recodo, un método que dificultaba mucho el acceso directo de posibles asaltantes. La entrada más monumental es, sin duda, la puerta de la Justicia, que da acceso a una amplia explanada dominada por los muros de la Alcazaba, a la izquierda, y el palacio de Carlos V, a la derecha. En época del emperador, en el siglo XVI, se proyectó una gran plaza de armas porticada en esta explanada, de un estilo renacentista similar a la fachada del palacio, pero nunca llegó a edificarse. ◆

Puerta de las Granadas
Concebida por Pedro Machuca –el arquitecto del palacio de Carlos V– y levantada en 1536 en estilo renacentista, esta puerta se sitúa en la cuesta de Gomérez y presenta un tímpano con el escudo imperial, coronado por tres grandes granadas que dan nombre al monumento.

Cuestas de Gomérez, del Realejo y del Rey Chico

De los tres caminos tradicionales a la Alhambra, el más largo es la cuesta de Gomérez, que parte de la Plaza Nueva, en el centro de la ciudad, y asciende por el pequeño valle entre la colina de la Sabika –la acrópolis de la Alhambra– y la del Mauror, dominada por las imponentes Torres Bermejas. Tras un primer tramo, el sendero cruza la puerta de las Granadas, construida en 1536 y atribuida a Pedro Machuca, arquitecto del palacio de Carlos V, con el que tiene evidentes semejanzas. Tras franquear la puerta, el camino se divide en tres: el de la izquierda –la llamada cuesta Empedrada– asciende hasta la puerta de la Justicia, el de la derecha se dirige a las Torres Bermejas y el del centro –la cuesta de Gomérez propiamente dicha– sigue paralelo a la muralla hasta el actual pabellón de acceso, recorriendo toda la ladera sur de la colina.

También por la solana de la Sabika discurre la cuesta del Realejo, más corta y empinada. Parte de la plaza homónima y asciende entre cármenes –pequeñas fincas urbanas típicas de Granada, con casa, jardín y huerto– hasta el edificio neomudéjar del Hotel Alhambra Palace. Allí se adentra por el bosque de la Alhambra y enlaza con la cuesta de Gomérez.

Finalmente, la cuesta del Rey Chico nace en el puente del Aljibillo sobre el río Darro, en la confluencia del Albaicín y el Sacromonte, y asciende por la vertiente norte de la Sabika, entre la Alhambra y el Generalife. Su nombre se debe a la leyenda según la cual Aixa, madre de Boabdil, ayudó a su hijo –el rey chico– a huir por este camino para encabezar una revuelta contra su progenitor.

La Acequia Real, el acueducto que surtía de agua a la Alhambra, cruza la cuesta del Rey Chico sostenida por un arco de medio punto.

A la izquierda, la torre de la Cautiva. La cuesta del Rey Chico asciende junto a la muralla, dejando atrás diversas torres como esta. A la derecha, otro tramo de la cuesta del Rey Chico, que discurre entre muros.

El bosque de la Alhambra

Las laderas de la Sabika, al pie de la ciudad palatina, están tapizadas por una agradable cubierta vegetal que realza la panorámica de la fortaleza desde la distancia y proporciona una sombra refrescante a los visitantes del monumento en su ascenso desde la ciudad. La zona boscosa al sur de la fortaleza se conoce como alameda de la Alhambra, mientras que al norte del monumento se extiende el llamado bosque de la Alhambra. Ambas áreas albergan ejemplares de castaños de Indias, plátanos, arces, almeces, avellanos, fresnos, álamos, tilos, olmos y otro centenar de especies vegetales –predominantemente caducifolias– introducidas en la zona mucho tiempo después de la conquista, puesto que durante la época nazarí y los primeros tiempos de la era cristiana las laderas de la colina debían permanecer despejadas para dificultar los ataques y emboscadas. El siglo XIX, con la revalorización de la Alhambra como monumento y el auge de la jardinería paisajística, fue especialmente fecundo en esta tarea de forestación.

El llamado bosque de la Alhambra ocupa la ladera norte de la Sabika, a los pies de la muralla de la ciudad palatina. Su vegetación es moderna.

Las torres de la muralla y el bosque de la Alhambra desde la cuesta del Rey Chico.

La cuesta del Rey Chico discurre entre la vegetación del bosque de la Alhambra, con la torre de la Cautiva al fondo.

Pilar de Carlos V

Pocos metros antes de franquear la puerta de la Justicia, sobre un baluarte a la izquierda de la cuesta, el visitante se encuentra con el pilar de Carlos V, una fuente proyectada por el arquitecto renacentista Pedro Machuca y construida en 1545, bajo el reinado de Carlos V, de ahí el nombre. El conjunto presenta tres partes –que unos identifican con los tres ríos de Granada (Genil, Darro y Beiro) y otros con tres estaciones del año (verano, primavera y otoño)– y dos alturas. En el centro, una cartela de piedra recuerda al monarca: «Emperador César Carlos V, rey de los españoles» (en latín).

Detalle de las composiciones vegetales que separan las tres fuentes del Pilar de Carlos V.

Tres mascarones bajo escenas mitológicas e históricas
Los caños del pilar están decorados con mascarones de los que brota el agua. El muro sobre el que se apoya la fuente presenta medallones con escenas de la mitología y la historia de Grecia: Hércules matando a la hidra; Frixo y Hele cruzando el Helesponto; Dafne perseguida por Apolo y Alejandro Magno.

Puerta de la Justicia

Mandada construir por Yusuf I en 1348, la puerta de la Justicia, orientada al suroeste de la Alhambra, es la más monumental de las cuatro entradas al perímetro amurallado de la ciudad palatina. Por ella salió Boabdil, último sultán de Granada, tras rendirse a las tropas cristianas el 2 de enero de 1492. Se trata de una puerta muy difícil de asaltar, puesto que dibuja un doble recodo: los atacantes tenían que trazar hasta cuatro curvas en ángulo recto por una pronunciada cuesta para entrar en el recinto fortificado, bajo una lluvia de flechas y otros proyectiles.

La relevancia de la puerta de la Justicia también se traduce al plano simbólico: en la clave del arco exterior puede verse el relieve de una mano, que en la tradición musulmana es símbolo de la perfección por el cumplimiento de los cinco preceptos del Islam, mientras que en la clave del arco interior el relieve representa una llave, probablemente una representación de la fe, que abre las puertas del paraíso.

Los cinco preceptos del Islam
Situada en el sector suroriental de la muralla, la puerta de la Justicia está presidida por el relieve de una mano en la clave del arco (imagen superior) que simboliza el cumplimiento de los cinco grandes preceptos de la fe musulmana.

En su interior, la puerta de la Justicia dibuja un doble recodo en pendiente que dificultaba mucho la entrada de atacantes.

Puerta de las Armas

En período nazarí, la puerta de las Armas, la más occidental de la Alhambra, era el acceso más habitual desde Granada, puesto que en aquella época era el único que comunicaba directamente la ciudadela con el interior de la ciudad. Las demás puertas quedaban extramuros. Esta entrada, de hecho, da acceso a la Alhambra a través de la Alcazaba, el recinto militar que alberga las partes más antiguas del conjunto. Es por eso que la puerta fue una de las primeras obras que los nazaríes practicaron en la fortificación, a finales del siglo XIII, y la más influida por la arquitectura almohade. Envuelta por altísimos lienzos de piedra y ladrillo, la entrada se realiza a través de un arco apuntado de herradura enmarcado en una bella moldura de cintas que se entrelazan. Al igual que las demás puertas exteriores de la Alhambra, esta también presenta una estructura en recodo, como corresponde a su función defensiva, y su interior se divide en tres bóvedas, todas revestidas de pinturas que simulan ladrillos, una sencilla solución decorativa nazarí heredada de la tradición almohade.

Fachada interior de la puerta de las Armas, envuelta por altísimos lienzos de piedra y ladrillo.

Puerta de las Armas
Detalle de la fachada exterior de la puerta, entrada habitual a la Alhambra en época nazarí.

Puerta de los Siete Suelos

Situada en el flanco sur de la muralla, la monumental puerta de los Siete Suelos, también llamada puerta de los Pozos (*Bab al Gudur* en árabe), permite acceder directamente a la zona alta de la Medina de la Alhambra, aparece flanqueada en su exterior por dos imponentes torres y tiene, como la mayor parte de las puertas de la Alhambra, acceso en recodo, para dificultar la entrada de los atacantes. Su nombre se debe a la leyenda según la cual existirían bajo su estructura hasta siete pisos subterráneos que esconderían un preciado tesoro nazarí. Probablemente edificada en el siglo XIV, quedó prácticamente destruida por las voladuras llevadas a cabo por los ejércitos napoleónicos en su retirada en 1812. La puerta que observamos hoy es una reconstrucción realizada a partir de grabados anteriores a aquel año.

Flanqueada y protegida por dos grandes torres, la puerta de los Siete Suelos quedó destruida a principios del siglo XIX y fue reconstruida posteriormente.

Zona subterránea de la
puerta de los Siete Suelos.
Las imponentes bóvedas de esta
estructura militar alimentaron la
leyenda de que un gran tesoro se
escondía bajo estos muros.

Puerta del Vino

Como corresponde a una puerta interior, la puerta del Vino es una estructura sencilla, con acceso directo, no en recodo. Pero su interior disponía de bancos para los vigilantes y es probable que la planta superior estuviera destinada a vivienda del cuerpo de guardia, como corresponde a la puerta que guardaba el acceso a la Medina, la zona residencial de la ciudad palatina, y daba inicio a la calle Real Alta, la arteria principal del núcleo urbano. Su nombre se debe al comercio del vino que se estableció en los alrededores, ya en época cristiana.

Edificada a principios del siglo XIV, bajo el reinado de Muhammad III, se trata de una de las construcciones más antiguas de la Alhambra en época nazarí. Aunque semejantes, sus dos portadas son de etapas distintas. La exterior es de la misma época que la estructura y presenta la tradicional llave –probable símbolo islámico de la fe– sobre la clave del arco de herradura, mientras que la interior es unos 70 años posterior y luce más detalles ornamentales, como los bellos azulejos de los ángulos o las yeserías que flanquean las ventanas del piso superior.

La fachada exterior
El frente de poniente de esta importante puerta interior, levantada entre 1303 y 1309, se abre a la plaza de los Aljibes.

La fachada interior
El frente de Levante de la puerta del Vino marca el inicio de la calle Real Alta, la arteria que cruza casi toda la ciudad palatina hasta la parte alta de la Medina.

Yeserías que flanquean las ventanas en la fachada interior de la puerta del Vino.

Decoración geométrica pintada en el interior de uno de los arcos de la puerta del Vino.

Albanega de la fachada interior de la puerta del Vino, decorada con azulejos polícromos.

lave del arco exterior de la puerta del Vino, con la l ave, símbolo de la fe islámica.

Puerta de la Rauda

El sultán Muhammad V (1339-1391) habilitó un espacio fuera de los muros del palacio de los Leones para enterrar a los soberanos de Granada. Esta zona, situada hoy en la parte alta de los jardines del Partal, recibió el nombre de *rauda* (cementerio en árabe) y su principal vestigio es la llamada puerta de la Rauda, un pabellón de ladrillo de planta cuadrada que servía de acceso al cementerio real y que presenta aberturas en tres de sus lados, con bellos arcos de herradura, mientras que el cuarto costado comunica con el palacio de los Leones. En el interior de la puerta se conserva una extraordinaria cúpula gallonada cuya decoración –a base de franjas rojas y blancas– aumenta la sensación de profundidad.

Vista de la cúpula de gallones de la puerta de la Rauda desde el suelo, iluminada por las doce ventanas de la torre.

La entrada al cementerio
Esta puerta con tres arcos herradura –dos de ellos visibles en la imagen de la derecha– pertenecía probablemente a una edificación temprana que acabó integrándose en el palacio de los Leones, contiguo a esta estructura.

Paseo de las Torres

Atalayas con riqueza interior

En época medieval, el adarve o camino de ronda sobre la muralla era el pasaje estrecho que, protegido por las almenas, permitía las maniobras de la guardia y de los arqueros que defendían la fortaleza. Hoy, en la Alhambra, como ocurre en muchos otros castillos y ciudadelas de Europa, Asia y el norte de África, el adarve se ha convertido en un paseo panorámico e históricamente muy ilustrativo por el sector norte de la muralla, con magníficas vistas al Generalife, a un lado, y a los jardines del Partal y la Medina, al otro.

Torres del Qadí, en primer plano, y de los Picos, al fondo de la imagen.

Una treintena de torres, casi todas levantadas en época nazarí, se conservan a lo largo de los dos kilómetros de muralla, edificadas sobresaliendo del lienzo de manera muy acusada y proyectándose vertiginosamente hacia la ciudad. Aunque la mayoría fueron restauradas o reconstruidas en los siglos XIX y XX, es fácil distinguir las torres de fábrica musulmana por su planta cuadrada, mientras que las de construcción posterior –muy pocas– son de planta circular, una estructura mucho más eficaz para resistir los ataques de la artillería moderna, mucho más destructiva a partir de la generalización del empleo de la pólvora, importada de Oriente.

Como ocurre en todo el conjunto de la Alhambra y en la arquitectura musulmana en general, una parte de esas torres ocultaban, tras unos austeros muros de humilde tapial, unos interiores de decoración suntuosa, repletos de yeserías y azulejos. Aunque en su apariencia externa son todas muy similares, no todas las torres tenían las mismas funciones. Algunas eran atalayas estrictamente defensivas, para la vigía. Pueden distinguirse porque tienen una estructura algo más esbelta y cortan el recorrido del adarve. Otras torres sumaban usos distintos. Había torres-palacio, habitadas por nobles, que tenían un túnel inferior que permitía el paso del adarve sin que los caminantes estorbaran la intimidad de los moradores. Y finalmente, también había torres que constituían una parte esencial del palacio real y a menudo se empleaban como mirador. ◆

Torre de la Cautiva
Pese a su austeridad exterior, es uno de los patrimonios más valiosos de la Alhambra.

Torre de los Picos

La torre de los Picos protege el acceso a la Alhambra por la puerta del Arrabal, que se abre a sus pies, en el sector norte de la ciudad palatina. El ascenso por la cuesta del Rey Chico permite observar con detenimiento todo este lienzo de murallas y sus correspondientes torres. Al pie de la construcción puede observarse el baluarte para la artillería, muy modificado a partir del siglo XVII.

Torre del Qadí

La imagen de la página siguiente muestra el paso desde el adarve al interior de la torre llamada del Qadí, en el sector de la muralla comprendido entre esta y la torre de los Picos.

Torre de la Cautiva

La sencilla forma de prisma rectangular de la torre de la Cautiva, orientada hacia el Generalife, esconde uno de los tesoros mejor guardados de la Alhambra: una torre-palacio, es decir, una residencia aristocrática con todo el lujo ornamental dentro de una estructura con estricta finalidad militar y defensiva. La mandó construir Yusuf I, sultán de Granada entre 1333 y 1354 e impulsor, entre otras obras, del palacio de Comares y de la puerta de la Justicia. Tanto el sobrio exterior como el discreto acceso –un pasillo en recodo para mantener la intimidad– no presagian lo que el visitante encuentra dentro, especialmente en su estancia principal: uno de los más refinados programas decorativos de toda la ciudad palatina, paradigma de la época dorada del reino nazarí, con unos zócalos de alicatados de bellísimas trazas geométricas y variados colores, entre los que se cuenta –cosa insólita– el púrpura. Y en el límite superior del zócalo, una cartela epigráfica también alicatada proporciona simbolismo a la decoración con un bello poema del gran visir Ibn al-Yayyab.

Tras varios siglos con otras denominaciones –torre de la Sultana, de la Ladrona, de las Damas...– desde el xix se dio a este baluarte el nombre actual, de acuerdo con la leyenda no demostrada según la cual aquí estuvo presa Isabel de Solís, una esclava cristiana del siglo xv que se convirtió en la esposa favorita del sultán Muley Hacén y cambió su nombre castellano por el de Zoraida (Lucero del Alba).

Una torre-palacio
Mandada edificar por el sultán Yusuf I, el interior de la torre de la Cautiva atesora algunos de los elementos decorativos más ricos de la Alhambra. Se accede a ella a través del puente con arco de medio punto visible en el extremo inferior izquierdo de la imagen.

Arco de entrada y ventana bífora de la alcoba principal de la torre de la Cautiva.

Torre de las Infantas

El escritor neoyorquino Washington Irving (1783-1859) situó en la torre de las Infantas la famosa leyenda de las princesas Zaida, Zoraida y Zorahaida, que aparece narrada en sus célebres *Cuentos de la Alhambra* (1829). Aunque no alcanza las cotas de perfección ornamental de su vecina, la torre de la Cautiva, la de las Infantas es también una torre-palacio cuyo interior responde a los cánones tradicionales de las mansiones aristocráticas nazaríes, pese a estar inscrito en una construcción de finalidad eminentemente defensiva. Su edificación data del reinado de Muhammad VII (1392-1408), período que, según los expertos, marca el inicio de la decadencia artística del reino nazarí, lo que se traduce en una distribución espacial menos armónica y en unos acabados algo más toscos.

La cubierta de madera del patio de la torre de las Infantas es de factura moderna. Las estancias de la torre se abren a dicho patio a través de ventanas geminadas.

Vista de la fachada meridional de la torre de las Infantas, en la que se observa el acceso a la planta noble, situado al mismo nivel, y la ventana geminada de la planta superior.

Torre del Agua

La llamada Acequia Real o Acequia del Sultán, el acueducto que surtía de agua a la Alhambra, cruzaba las murallas de la fortaleza nazarí a través de los cimientos de la torre del Agua, uno de los baluartes más singulares del recinto amurallado por su situación en el extremo oriental de la ciudad palatina, así como por su forma, tamaño y función. Lamentablemente, fue una de las construcciones más afectadas por las voladuras que ejecutaron las tropas napoleónicas en su retirada de la ciudadela en 1812, durante la guerra de la Independencia, y de ella solo quedaron los cimientos. Una restauración llevada a cabo a mediados del siglo xx permitió restituir sus muros exteriores.

La entrada de la Acequia Real
En la base de la torre del Agua, mutilada por las voladuras de los ocupantes franceses durante la guerra de la Independencia, un arco de medio punto sostiene el acueducto de la Acequia Real, que lleva el agua del río Darro al interior de la ciudad palatina.

El agua en la Alhambra

Todas las dinastías musulmanas que reinaron en al-Ándalus durante casi ocho siglos, incluida la nazarí de Granada, procedían de territorios áridos de la península Arábiga y el Magreb. Con tal origen, no es extraño que otorgaran un enorme valor al agua y a la vegetación, hasta el punto de que la ley coránica es muy explícita en las normas que deben presidir el reparto del agua y considera un derecho inalienable poder saciar la sed y regar la huerta. Es por esa razón que el agua es un elemento de presencia constante en la Alhambra y en la gran mayoría de los palacios musulmanes, en forma de fuentes, albercas, pilas, canales, baños de distintas temperaturas…

Desagüe de una de las fuentes que alimenta de agua la alberca del patio de los Arrayanes, en el palacio de Comares.

Probablemente a causa de la escasez por la aridez del clima, el agua también atesoraba un evidente factor espiritual. El Corán sitúa el trono de Alá sobre el agua, describe el paraíso como «*jardines regados por aguas vivas*» y reza: «*Los bienaventurados se alojarán allí entre azufaifos cargados de fruta, acacias en flor, una extensa umbría, aguas que brotan y frutos en abundancia que no se agotarán ni serán difíciles de alcanzar*». Por esa razón, la presencia del agua en los palacios musulmanes no era solo utilitaria, sino también mística y contemplativa: el murmullo de las fuentes y acequias, el reflejo del sol sobre las albercas, el frescor ambiental que procuraba… Los jardines y las huertas, así como el agua corriente y estancada característica de los patios musulmanes, se diseñaban a imagen y semejanza de las descripciones del paraíso y proporcionaban serenidad y equilibrio a sus moradores.

Este desarrollo habría sido imposible sin la construcción, también en época nazarí, de la Acequia Real o del Sultán, el canal que alimenta a la Alhambra y el Generalife. Toma el agua del río Darro seis kilómetros corriente arriba y llega a la ciudadela y la almunia gracias a un complejo e inteligente sistema de canales, acueductos, norias y albercas. ◆

La torre de Comares se refleja en el agua de la alberca del patio de los Arrayanes, con el desagüe de la fuente de la orilla opuesta en primer plano.

Albercas, pilas y fuentes

Agua estancada y agua en movimiento. La civilización musulmana, nacida y desarrollada en regiones áridas, valora el agua como un elemento fundamental y procura que esté presente y cercana en la vida cotidiana de las personas, no solo porque ofrece las condiciones objetivas para que haya vida, sino también como símbolo de eternidad. La Alhambra es un ejemplo de esta preocupación. Todos sus palacios y jardines poseen una fuente o una alberca en el eje de su estructura. Las pilas y fuentes, como la célebre fuente de los Leones, aportan frescor al ambiente y relajación a los oídos gracias a su constante fluir. Las albercas, por su parte, se integran en la arquitectura, reflejando las fachadas circundantes en sus aguas quietas y añadiendo delicados brillos a la decoración de los muros.

Además de dotar a sus palacios de todas estas instalaciones hidráulicas –como ya hemos podido ver en los Palacios Nazaríes–, los sultanes de Granada disfrutaban de diversas fincas de recreo distribuidas por todo el reino que compaginaban las funciones de descanso para la familia real y de explotación agraria. Se trataba de almunias cuyo modelo de edificación y producción ha llegado a nuestros días en buena parte de España en forma de cortijos y alquerías.

El agua desciende paralela a las murallas de la Alhambra en dirección al río Darro, que discurre por el fondo del valle.

Una de las cuatro fuentes que nutre de agua el patio de los Leones.

Un canal alimenta de agua la alberca de los jardines del Partal.

Fuente del patio del Ciprés de la Sultana, en el Generalife.

El Generalife

La Casa Real de la Felicidad

**El palacio
entre la vegetación**
La alta estructura del
pabellón Norte del palacio del
Generalife se yergue entre
huertos, jardines y bosques,
con unas perspectivas únicas
sobre la Alhambra y Granada.

Los sultanes de Granada disfrutaban de diversas fincas de recreo distribuidas por todo el reino que servían de explotación agraria y para el descanso de la familia real. Se trataba de almunias cuyo modelo ha llegado a nuestros días en forma de cortijos y alquerías. Por su lujo, belleza y proximidad a la Alhambra, la almunia preferida de los sultanes andalusíes fue sin duda el Generalife, que ocupaba el vecino cerro del Sol. Constaba de un palacio o pabellón de descanso, varias huertas y pastizales para el ganado, y bellísimos patios y jardines. El ambiente allí era tan relajado que el visir Ibn al-Yayyab (1274-1349) lo bautizó como «la Casa Real de la Felicidad».

Palacio del Generalife

El Generalife creció al ritmo que lo hacían la Alhambra y el prestigio del reino nazarí. El palacio, su edificio principal, fue probablemente levantado a fines del siglo XIII bajo el reinado de Muhammad II, primer heredero de al-Ahmar –fundador de la dinastía– y experimentó reformas de calado durante los dos siglos siguientes.

Como ocurre en otros muchos palacios musulmanes –el del Mexuar, en la Alhambra, sin ir más lejos–, al palacio del Generalife se accede a través de dos patios a distintos niveles: el del Apeadero, donde los residentes descabalgaban de sus monturas, y un segundo patio porticado que esconde una entrada casi secreta a la residencia real. Una escalera estrecha tras un oscuro vestíbulo conduce al patio de la Acequia, en cuyos extremos se yerguen los dos principales cuerpos del palacio: los pabellones Norte y Sur, este último muy transformado durante la Edad Moderna. El pabellón Norte acoge el salón Regio, la estancia más lujosa del conjunto, precedida de un esbelto pórtico de cinco arcos. Provisto de elegantes *taqas* –nichos practicados en el grueso muro para alojar recipientes con agua–, este salón está cubierto con un espectacular artesonado y en la época nazarí lo remataba una torre-mirador en el costado oeste que quedó absorbida por la planta superior que se construyó en 1494, apenas dos años después de la conquista cristiana. ◆

Los ricos y voluminosos capiteles que decoran las columnas del pórtico del pabellón Norte podrían proceder de otros edificios del palacio, posiblemente de su desaparecido *hammam*.

Patio de la Acequia
Los jardines del patio de la Acequia en primer término y al fondo el pabellón Norte, que alberga el salón Regio, la estancia más lujosa del palacio.

Salón Regio en el pabellón Norte.

Pórtico del pabellón Norte.

Patio de la Acequia

La Acequia Real o del Sultán, el canal que abastecía de agua a la Alhambra, cruza longitudinalmente el patio de la Acequia, la estructura fundamental del palacio del Generalife. Es un patio de crucero, como el de los Leones de la Alhambra, pero mucho mayor y más alargado: cerca de 50 metros separan los pabellones Norte y Sur, los edificios situados en sus extremos. En época nazarí era un espacio completamente aislado, pensado para que la familia del sultán pudiera disfrutarlo en la intimidad. Un alto muro lo protegía del mundo exterior por su costado suroeste. Solo un pabellón situado en el centro del muro abría sus cinco arcos hacia la huerta y la Alhambra. Sin embargo, a mediados del siglo XVII, los propietarios de la época practicaron 18 arcos ojivales a lo largo de este muro y mandaron construir en paralelo una galería porticada para poder disfrutar de un paseo con vistas. Los hermosos surtidores cruzados que han hecho célebre este patio datan del siglo XIX.

Los surtidores del patio de la Acequia
El cauce de la Acequia Real discurre por el centro del patio, alimentado por los célebres surtidores cruzados instalados en el siglo XIX.

Los jardines y edificios del Generalife se distribuyen a las diferentes alturas que marca la orografía.

El pabellón Sur

El longilíneo patio de la Acequia, por el que transcurre tranquila el agua de la Acequia Real, fue un patio cerrado por sus cuatro alas, pero ya en época cristiana se practicó un corredor-mirador en su lado suroeste, a la derecha en la imagen. Al fondo, el llamado pabellón Sur ha quedado muy transformado por sucesivas reformas en la Edad Moderna.

Patio del Ciprés de la Sultana

En este patio que hoy vemos muy transformado en relación con lo que debió ser en época nazarí, el político y escritor veneciano Andrea Navagiero (1483-1529) recomendó al poeta catalán Joan Boscà el uso del endecasílabo y de otras maneras de métrica italianizante como el soneto y la octava real, que Boscà introdujo en la poesía renacentista española. Anécdotas aparte, del patio musulmán original solo parece quedar el salto de agua de la Acequia Real y un tramo del cauce. Tanto la alberca con forma de U como la galería porticada del sector noroeste son del siglo XVI. Los expertos creen que esta área del palacio pudo haber albergado un *hammam*, y que este pudo haber sido destruido por los propietarios moriscos para encubrir sus costumbres musulmanas.

Pese a las transformaciones que sufrió tras la conquista cristiana, este patio mantuvo su ambiente morisco e inspiró leyendas como la de los amores furtivos de la sultana con un caballero abencerraje a la sombra del citado ciprés.

Vista desde la escalinata que conduce al patio del Ciprés de la Sultana.

Patio del Ciprés de la Sultana.

Escalera del Agua

Cuatro tramos de escaleras, separados por tres descansos, ascienden hasta el punto culminante del Generalife. Y por dos pequeños
canales abiertos en los muros que protegen las escaleras fluye el
agua procedente de la Acequia Real. Se cree que el mirador construido en lo alto de la estructura en 1836 se encuentra en el lugar
donde en época nazarí existía un oratorio musulmán y que las escaleras formaban parte de un ritual de purificación espiritual. Aunque
esté rodeada de elementos arquitectónicos posteriores, la llamada
escalera del Agua es un vestigio del período nazarí en un área muy
transformada posteriormente.

El agua procedente de un
desvío de la Acequia Real
resbala cuesta abajo sobre
sendos canales practicados
en los muros de la escalera.

Entender la Alhambra

Como paradigma de una manera musulmana de entender el arte y la arquitectura, la Alhambra sorprende al visitante por algunos rasgos muy particulares, y entre estos destaca sin duda lo abigarrado de su decoración: cuanta más significación querían dar a una estancia, más ornamentada la proyectaban, hasta el punto de que en las más ricas, como el salón de Embajadores, se unen en una armoniosa continuidad los zócalos de alicatados, las yeserías murales y los artesonados del techo, todos con motivos geométricos, epigráficos y vegetales.

Patio de los Leones.

La decoración
en los palacios musulmanes

Muchas veces juzgamos la arquitectura cristiana medieval como sobria y austera simplemente porque ha llegado hasta nuestros días una versión mutilada de sus construcciones, sin los frescos de vivos colores que daban vida a sus muros. Pero es cierto que la ornamentación en los palacios y las iglesias cristianas palidecía en comparación con el programa decorativo que presentaban los edificios musulmanes de la misma época, en cuyos interiores lo habitual era que no hubiera ni un centímetro cuadrado sin alicatados, yeserías o artesonados con motivos siempre merecedores del calificativo de filigranas.

La ornamentación nazarí, y la musulmana en general, se basa en el uso de patrones repetitivos, que generan equilibrio, armonía y dinamismo, y en la abstracción, es decir, en la estilización de las formas que se encuentran en la naturaleza. Estos principios originan tres tipos de decoración: la vegetal, la epigráfica –basada en inscripciones caligráficas– y la geométrica. Y nada de eso tiene sentido sin el concurso de la luz, que penetra en las estancias tamizada por sutiles celosías y realza los detalles de relieves tan delicados que apenas se levantan unos milímetros sobre su sustrato.

Detalle de una sucesión de delicadas yeserías polícromas en un arco de la sala de Dos Hermanas.

Detalles de decoración vegetal (formas orgánicas), epigráfica (caligrafía árabe) y geométrica en el palacio de los Leones.

La decoración geométrica

La prohibición de la iconografía en el Islam, así como el tradicional interés de sus artistas por las ciencias matemáticas, condujo a los creadores musulmanes a distinguirse en el empleo de los patrones geométricos como recurso decorativo de primer orden. Basándose en las dos figuras planas fundamentales –el círculo y el cuadrado– los artesanos fueron capaces de crear un universo de formas con materiales tan distintos como la cerámica, el yeso, la madera o el ladrillo. A partir de la simple rotación de un cuadrado sobre su eje, por ejemplo, generaban estrellas de 8, 16 o más puntas que, repetidas sucesivamente, originaban complejas lacerías que servían de marco para otros tipos de decoración o se convertían en el motivo principal de un zócalo de alicatado o de una intrincada cúpula de mocárabes, siempre con la intención simbólica de transmitir el orden reinante en la Creación.

Arriba, techo del recinto de entrada al palacio de Comares. Abajo, decoración de los muros del pasillo de acceso al palacio de Comares. En la página siguiente, detalle decorativo de los Baños Reales.

Detalle de las yeserías del palacio de Comares.

Detalle de las yeserías del Patio de los Arrayanes, en las que se combinan motivos orgánicos y geométricos.

Zócalos de azulejos cerámicos de la sala de Dos Hermanas.

Detalles de los zócalos del patio de los Arrayanes.

Zócalo cerámico de la sala de la Barca.

Decoración cerámica de la fachada del palacio de Comares.

Original decoración en el zócalo del salón de Comares, conocida como «el beso de las golondrinas».

El cromatismo del zócalo cerámico del patio de a sala de la Barca es sorprendentemente austero.

La decoración epigráfica

El mismo veto a las imágenes figurativas que ayudó al desarrollo de las formas geométricas en la arquitectura condujo también al esplendor sin igual de la ornamentación epigráfica, entendida como el uso de la caligrafía como método para transmitir un mensaje religioso o político y, al mismo tiempo, crear una forma de arte de una delicadeza sublime. Puesto que no podían representar figuras divinas ni humanas, los artistas musulmanes realizaban sus alabanzas mediante palabras grabadas en el yeso. Tanto valor daban los nazaríes a esas loas a Alá y al sultán que los visires –los primeros ministros de la época– eran elegidos por su habilidad para componer poemas. Se consideraba que el don de la palabra era fundamental en sus tareas diplomáticas frente a los representantes de otros reinos. Así, los muros de la Alhambra están repletos de poemas de Ibn Zamrak, Ibn Yayyab, Ibn al-Jatib y otros grandes visires de la época nazarí tanto en caligrafía cúfica –la más antigua, trazada mediante líneas y ángulos rectos– como en caligrafía nasjí, la más moderna, de formas redondeadas.

Detalle de una decoración epigráfica realizada en caligrafía nasjí de la sala de Dos Hermanas, en el palacio de los Leones. La forma circular, inscrita en un cuadrado que a su vez forma una estrella con otro cuadrado, así como el empleo de los fondos azul y negro, sirven para realzar el armónico dibujo de la caligrafía nasjí.

Verso en caligrafía nasjí inscrito en un rico friso de yeserías del patio de los Arrayanes.

La decoración vegetal. Los atauriques

Uno de los principales motivos de la ornamentación islámica es el ataurique, la estilización de las hojas y de otros elementos vegetales por parte de los artistas musulmanes. Son formas casi geométricas, con predominio de las líneas curvas y tendencia a generar simetrías y patrones rítmicos. Encontramos atauriques en toda clase de superficies –muros, zócalos, arcos, capiteles…– y sobre todo confeccionados sobre el yeso, pero también sobre la piedra. Las plantas más representadas suelen ser la vid, las palmas, las piñas, flores diversas y, resultado de la notable influencia del arte clásico grecorromano y de la decoración tradicional persa sobre los artistas musulmanes, también las hojas de acanto.

La abstracción característica del arte musulmán se relaja ligeramente a la hora de diseñar la decoración vegetal conocida como ataurique, aunque hojas, flores y otros elementos orgánicos se disponen sobre el plano de manera organizada y simétrica.

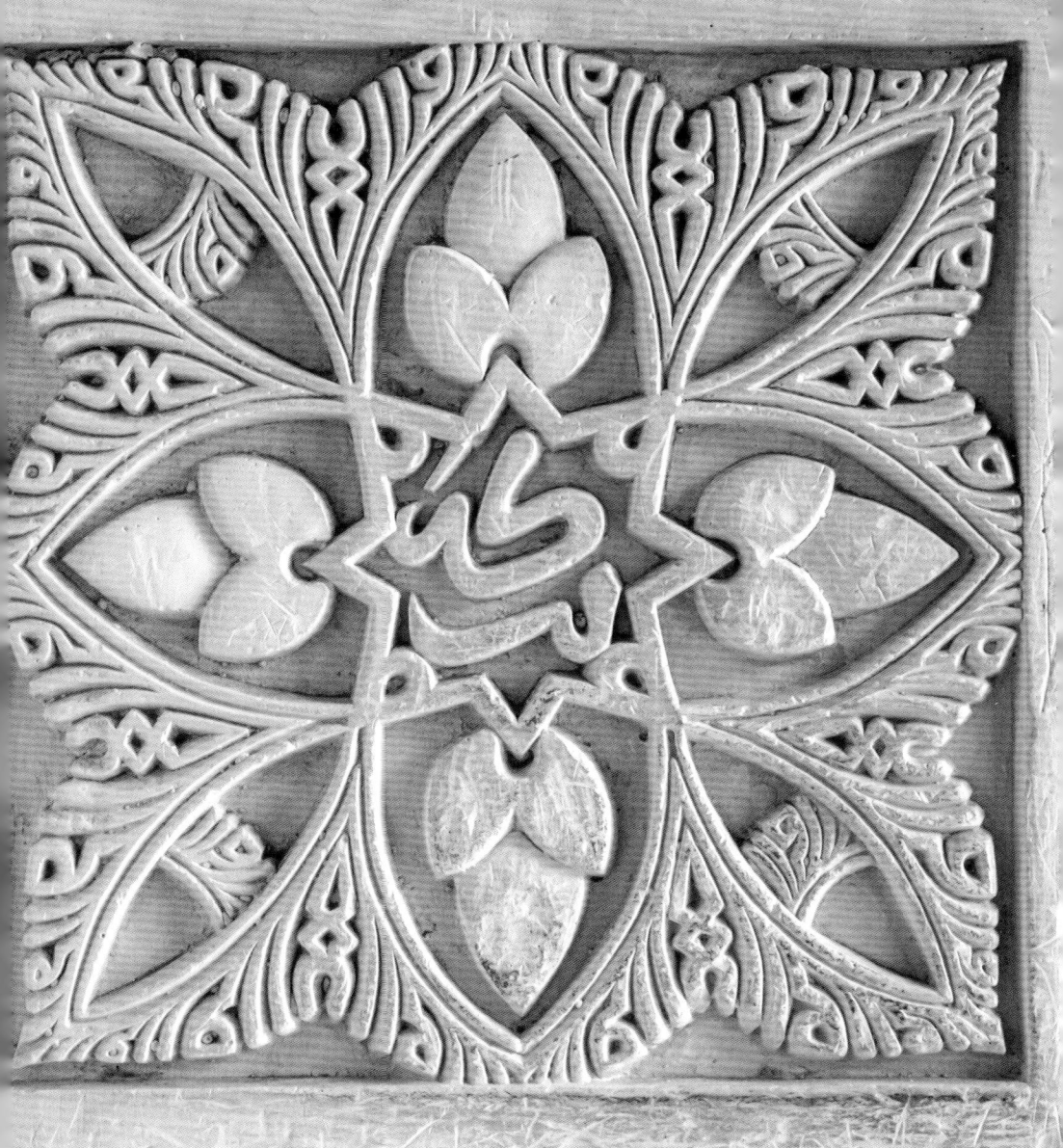

Detalles de atauriques en la decoración de la sala de Dos Hermanas, en el palacio de los Leones.

Los mocárabes

Probablemente introducidos en la Península por los almorávides a fines del siglo XI y ampliamente extendidos por los nazaríes en el XIV, los mocárabes son un motivo decorativo muy característico de la arquitectura musulmana, compuesto por un conjunto de prismas y lazos que cuelgan verticalmente desde cúpulas, bóvedas, cornisas, arcos o capiteles como lo hacen las hermosas estalactitas de velo en las cavernas naturales. De hecho, muchos expertos ven en los mocárabes una representación simbólica de la cueva de Hira, donde Mahoma recibió las primeras revelaciones de Alá a través de Jibreel, el ángel Gabriel de los cristianos. Técnicamente, significan la culminación en la aplicación de la geometría en la arquitectura por su enorme complejidad tridimensional y aprovechan el gusto de los musulmanes por los juegos de luces y sombras. Y aunque también se han confeccionado a base de madera, ladrillo o piedra, sus expresiones más majestuosas se lograron con el yeso, gracias a la gran ductilidad de este material.

Delicados mocárabes en un arco de la sala de los Mocárabes, en el palacio de los Leones.

Mocárabes polícromos en los baños de Comares y en la galería sur del patio de los Arrayanes.

Siglo XI

Zawi ben Ziri, fundador
de la dinastía Zirí, manda
construir una nueva
Alcazaba en la colina
de la Sabika.

1238

Muhammad I. Al-Ahmar,
fundador de la Dinastia
Nazarí instala la sede de
la corte en la colina
de la Sabika, iniciando la
edificación de la Alhambra.

1273-1302

El sultán Muhammad II
manda construir la finca
rústica del Generalife,
al este de la Alhambra.

1302-1309

Durante el reinado del
sultán Muhammad III
se levanta el palacio del
Partal.

Cour des Lions (Patio de los Leones),
1842, Girault de Prangey.
Bibliothèque nationale de France.

1314-1327

Bajo el reinado del sultán Ismaíl I se construye el palacio del Mexuar, posteriormente modificado por su nieto, Muhammad V.

1333-1354

Bajo el sultán Yusuf I se erige el palacio de Comares, cuya decoración fue notablemente enriquecida por Muhammad V.

1370

El sultán Muhammad V manda construir la fachada de Comares para conmemorar la conquista de Algeciras unos meses antes.

1362-1391

El palacio de los Leones se construye durante el segundo mandato de Muhammad V.

1492

Toma de Granada por los Reyes Católicos.

1527

Se inician las obras del palacio de Carlos V, bajo la dirección del arquitecto renacentista Pedro Machuca.

1528

Empieza la construcción de las llamadas habitaciones del Emperador en el lado norte del patio de Lindaraja.

1812

En su retirada, las tropas ocupantes francesas durante la guerra de la Independencia vuelan una parte importante de la muralla de la Alhambra.

1829

Washington Irving, escritor estadouniodense viaja a Granada donde se inspira para escribir *Cuentos de la Alhambra*.

1870

La Alhambra es declarada Monumento Nacional.

1909-1917

Joaquin Sorolla pinta distintos espacios y jardines de la Alhambra y el Generalife.

1923-1936

El arquitecto Leopoldo Torres Balbás introduce criterios estrictamente científicos en los trabajos de restauración de la Alhambra.

1984

El Comité de Patrimonio Mundial de la Unesco declara la Alhambra y el Generalife Patrimonio Mundial.

© **Patronato de la Alhambra y Generalife**
Consejería de Cultura y Deporte

© **Triangle Postals SL**
Sant Lluís, Menorca
www.trianglepostals.com

Texto
© Ricard Regàs

Fotos
© Pere Vivas

© Lluís Casals, VEGAP, Barcelona, 2024, pág. 6, 25, 72, 102, 112, 132, 137, 156, 166, 167, 168, 170, 176, 198a, 200, 201, 202, 203, 204, 205, 222, 223, 224, 226, 227, 228, 229, 230, 244, 247, 248, 250, 251.

© Hans Hansen, pág. 48, 49, 60, 108, 110, 140, 184, 185, 189, 199, 210, 240, 263, 265, 269, 270, 271, 275, 279, 284.

© Laia Moreno, pág. 67, 76, 77, 80, 104, 105, 128, 130, 160, 165, 174, 260.

© Ricard Pla, pág. 10, 51, 97, 98, 118, 134, 136, 169, 212, 249, 255.

© Diego Ruiz, pág. 196.

© Bibliothèque nationale de France, pág. 2, 286.

© Museo de la Alhambra. Patronato de la Alhambra y Generalife, pág. 159.

Vídeo
Hans Hansen

Diseño gráfico
David Martínez

Maquetación
Vador Minobis

Corrección
Josep Liz

Impresión
CEGE
Impreso en España, 9-2024

ISBN 978-84-1012-706-7
Depósito legal Me 508-2024

Triangle▸Books